Constant
Gue

roult

Die Würger von Paris

Constant
Gue

roult

Die Würger von Paris

ISBN/EAN: 9783741158827

Hergestellt in Europa, USA, Kanada, Australien, Japan

Cover: Foto ©Andreas Hilbeck / pixelio.de

Manufactured and distributed by brebook publishing software (www.brebook.com)

Constant
Gueroult

Die Würger von Paris

Die Würger von Paris.

Zweite Abtheilung.

Regina.

Erstes Capitel.
Die Liebschaft des Sergeanten Coquard.

Vierzehn Tage nach den in der ersten Abtheilung dieser Geschichte erzählten Ereignissen saßen zwei Zecher an einem Tische in einem Winkel jenes Wirthshauses, in dem sogenannten Patriarchenhofe, wohin uns der Leser schon eines Abends begleitet hat, als wir dem Doctor Peyrotte nachschlichen.

Eine große, halb geleerte Flasche Branntwein und zwei Gläser, auf deren Boden die Goldfarbe der feurigen Flüssigkeit funkelte, verriethen, daß so eben tüchtig getrunken worden.

Auf der benachbarten St. Medardustirche schlug es eben sieben Uhr.

Es war folglich noch Tag, denn es war im Anfange des Monats August; für die Bewohner des engen schmutzigen Patriarchenhofes war es aber beinahe schon Nacht und in dem Wirthshause selbst hinter den schmie-

rigen Fensterscheiben, welche den Augen der Vorübergehen=
den das Innere der Spelunke unsichtbar machten, herrschte
fast vollkommenes Dunkel.

Die Lichter waren noch nicht angezündet, hinter dem
Büffet= und Zahltisch stand noch Niemand, es war noch nicht
die Stunde, wo die Kneipe sich mit Gästen zu füllen pflegte.

Die beiden Individuen, von welchen wir so eben
sprachen, waren allein im Zimmer. Ein auf einer kleinen
Holzscheibe zwischen drei Nägeln steckendes Talglicht ver=
breitete kaum in einem Umkreise von einigen Fuß einen
flackernden Schein, aber wir erkennen die beiden Zecher an
ihrem charakteristischen Typus ohne Mühe.

Der eine ist von gebräunter Gesichtsfarbe mit keckem
Blick und gewichstem Schnurbart. Seine Gestalt ist groß
und auf den breiten Schultern sitzt ein kleiner runder Kopf
mit schmaler, niedriger Stirn.

Es ist der Exsergeant Coquard, dessen Verstand weit
weniger entwickelt ist als seine Muskelkraft.

An der bleichen Gesichtsfarbe des Andern, an seiner
außerordentlichen Magerkeit, an der Länge seiner Arme,
welche den Beinen einer riesigen Spinne gleichen, errathen
wir sofort Brisbille, den ausgedienten Würger, den Mör=
der des Grafen Jules von Bervilly.

»Brrr! Ich klappre förmlich noch vor Kälte,« sagte
der Erstere zu seinem Genossen. »Diese scheußliche Nacht,
dieser fürchterliche Sturm! Drei Stunden lang angekleidet
bis an den Hals im Wasser zu stehen, mit einer Sündflut
auf dem Kopfe und der Polizei auf den Fersen, denn die
Spürhunde des Herrn von Crosne haben nicht aufgehört
bis Tagesanbruch an der Böschung hin= und herzuschleichen,

um uns in ihrer Klauen zu bekommen — welch' ein trauriges Abenteuer für einen Mann, der an's Feuer gewöhnt ist.«

»Na, wir sind aber doch entronnen,« entgegnete Brisbille, »ich sah mich schon auf dem Grèveplatz lebendig gerädert oder wenigstens mit dem Strick um den Hals.«

»Donnerwetter,« unterbrach der Exsergeant, »ich lasse mir nicht ausstreiten, daß wir von dem Capitán genarrt, verrathen und verkauft worden sind.«

»Das ist auch meine Meinung.«

»Er hat uns blos losfein wollen, um die unermeßliche Beute, die Frucht unserer Arbeit, für sich behalten zu können.«

»Sehr richtig gefolgert.«

»Man behauptet, die Polizei habe in dem Laden und den Kellern der Rue de la Calandre weiter nichts gefunden als Säcke voll Lumpen, alte, wurmstichige Möbel und mit Werg gestopfte Matratzen. Hier lag unser Schatz nicht und Ihr hattet mich auch belogen, Meister Brisbille,« sagte Coquard, indem er den Arm seines Genossen faßte, den er zwischen Daumen und Zeigefinger beinahe zerbrochen hätte.

Der arme Teufel stieß einen Schmerzensruf aus und ward noch bleicher.

Der Sergeant ließ ihn los, warf ihm einen mitleidigen Blick zu und sagte:

»Ich wollte Euch blos die Vorzüglichkeit meiner Schlußfolgerung zeigen.«

»Höret,« sagte Brisbille, indem er näher rückte und die Stimme senkte, als ob ihn in diesem vollständig menschenleeren Zimmer Jemand hätte hören können; »der Capitán hatte in der That alle unsere Schätze in den Kellern versteckt —«

»Bah! Wißt Ihr das gewiß?«

»Ja wohl; seit acht Tagen aber hatte er sie allmälig anderswohin geschafft, und als die Polizei hinunterkam, war nichts mehr da.«

»Aber woher wißt Ihr das?«

»Das ist mein Geheimniß. Es ist dies aber noch nicht Alles. Ich bin Meister Martin auf der Spur.«

»Dem Capitän? — Zum Teufel, wo ist er, damit ich ihm die Ohren abschneide! Sobald dies geschehen wäre, müßte man ihn vielleicht der Polizei ausliefern.«

»Das wäre nicht übel! Da können wir, wofern wir ihn in unsere Hände bekommen, etwas weit Besseres thun.«

»Und dies wäre?«

»Ihm das Pistol auf die Brust zu setzen, ihn an unsern Vertrag erinnern und ihn zur Theilung zwingen.«

»Bravo, Meister Brisbille! Ihr besitzet meine ungetheilte Achtung. Ihr seid ein consequenter und fähiger Geist, und eure Eröffnungen kommen um so gelegener, als ich in diesem Augenblick das dringende Bedürfniß fühle, mich neu auszustaffiren, denn ich stehe im Begriff, ein Ehebündniß zu schließen, blos zu dem Zwecke, um das Geschlecht der Coquards, dessen einziger Sprößling ich zur Zeit bin, nicht aussterben zu lassen.«

»Ihr wollt heiraten?«

»Ja wohl, versteht sich, ich selbst, und Ihr habt meine Flamme schon oft gesehen.«

In diesem Augenblicke öffnete sich die Thür, welche in die Hausflur führte, und die beiden Zecher drehten sich herum, um zu sehen, wer hereinträte. Das Gesicht des Sergeanten verklärte sich sofort und seine Augen, seine Lippen und seine Wangen zeigten ein anmuthiges Lächeln.

Das junge Mädchen, welches wir schon in dieser Spelunke gesehen und welche hinter dem Büffettisch bei den Zechgelagen ihrer rohen Gäste Vorsitz und Aufsicht führte, setzte sich auf ihren gewohnten Platz, während ein Kellnerbursche die Wandleuchter anzündete und vor den Tischen die hölzernen Bänke und Sessel zur größern Bequemlichkeit der erwarteten Gäste zurechtrückte.

Das Zimmer begann in der That sich allmälig zu füllen. Es war die Stunde, wo die Laternenanzünder ihren Dienst verrichtet hatten, wo die Ablader die Verladungsplätze verließen, wo die Abtrittgrubenräumer sich anschickten, mit ihren großen, mit einer rothen Laterne versehenen, auf Rädern stehenden Fässern ihre nächtlichen Runden zu machen, wo die Lumpensammler ihre Säcke aufhockten, wo die Herumtreiber vor den Barrieren sich vorsichtig in das Innere der Stadt hineinschlichen und dabei die dunkelsten Gäßchen wählten, wo Frauenzimmer in geschmackloser Toilette mit freien Geberden und herausforderndem Blick an den Ecken der sich kreuzenden Hauptstraßen hin- und herwandelten.

Eine ganze, das nächtliche Dunkel liebende Bevölkerung bemächtigte sich des Straßenpflasters und es dauerte nicht lange, so hallte die Straße von lauten kreischenden trunkenen Stimmen wieder.

Rosa, das Schankmädchen, zählte kaum sechzehn Jahre. Sie war frisch wie die Blume, deren Namen sie trug, und ihr Auge besaß die flüssige Durchsichtigkeit eines Thautropfens.

In Folge eines eigenthümlichen Phänomens war sie in dieser Hölle, mitten in dieser verderbten Atmosphäre und umgeben von diesen cynischen Lastern herangewachsen, ohne einen Flecken davonzutragen.

Das Kind des Dorfes, welches die Wälder liebt und von dem Wind der freien Natur in Schlaf gewiegt wird, war nicht naiver oder keuscher als dieses Kind der Schenkstube, dessen Ohr jeden Abend durch den lärmenden Gesang der Trunkenen, durch die Flüche und Lästerungen der unglücklichen Spieler, durch die zweideutigen Worte gemeiner Straßendirnen betäubt und dessen Auge durch den Anblick der Verthierung in jeder möglichen Gestalt und aller Laster beleidigt ward.

Der Vater des Mädchens, ein bekannter Schmuggler, hatte ihre Mutter in einem verdächtigen Hause der Rue Saint-Honoré kennen gelernt und dieses würdige Paar, dessen Bund, wie sich von selbst versteht, nicht von dem Geistlichen des Kirchspiels eingesegnet ward, eröffnete die Kneipe in dem Patriarchenhofe mit den ehemaligen Genossinnen der Frau und den Cameraden, welche der Mann auf seinen Expeditionen von der Barrière d'Enfer bis zur Salpetrière kennen gelernt.

Jeden Abend, mitten unter dieser widerwärtigen Menge sitzend, wußte Rosa sicherlich nicht, daß es auf der Welt noch etwas Anderes gebe als das Schauspiel, welches sie hier vor Augen hatte.

Ihre Mutter, welcher die Gäste den Spitznamen »Doppelkanne« gegeben hatten, verlangte, daß sie hinter dem Zahltisch Platz nahm, sobald die vier Wandleuchter angezündet wären, und hier ausharrte, bis der letzte Gast das Local verlassen hatte.

Sie wußte, daß dieses holde Kind das Glück ihres Hauses machte. Die Anmuth, die Jugend, die Schönheit üben ihren beschwichtigenden Einfluß selbst auf die verthiertesten Wesen, und Mancher, der nur drei Glas Schnaps getrunken hätte, trank deren sechs, wenn er das reizende Antlitz der „Perle von St. Medardus" betrachten konnte, denn Rosa hatte ihren Beinamen eben so wie ihre Mutter.

An Liebhabern fehlte es der „Perle" natürlich nicht. Wir kennen die Leidenschaft, die ihr der Sergeant Coquard widmete, und haben bereits den Auftritt erzählt, wo er beinahe einen jener Arbeiter erwürgt hätte, den er ertappte, als derselbe allzu zärtliche Blicke mit dem schönen Mädchen wechselte.

Der mit der Polizei der Kneipe beauftragte Koloß, der, dessen specielles Amt es ist, die Ruhestörer zu packen und hinaus in den Hinterhof zu werfen, wo sie ihre Streitigkeiten nach Belieben ausmachen und einander todtschlagen können, ohne daß sie dabei von irgend Jemanden gestört werden, der „Bullenbeißer", wie ihn die Stammgäste nennen, hat ebenfalls eine lebhafte Leidenschaft für Rosa gefaßt, seine Liebe ist aber nicht geräuschvoll und expansiv wie die Coquard's.

Der „Bullenbeißer" bleibt gern stundenlang in seiner Ecke zusammengeduckt sitzen, und betrachtet seine schöne Angebetete. Wenn ein Streit seine Vermittlung nothwendig macht, erhebt er sich ohne Uebereilung, nähert sich mit Ruhe den Störern der Ordnung, hebt beide Arme empor, läßt seine breite Hand auf den Nacken eines jeden der beiden Streitenden herabfallen und schleppt sie unter dem Beifallsrufe des ganzen Zimmers hinaus.

Dann setzt er sich ohne Zorn, ohne Aufregung, mit dem Bewußtsein erfüllter Pflicht, wieder in den Schatten und setzt seine stumme Betrachtung weiter fort, wie ein Bär, der sich in einen Stern verliebt hat.

„Lieber Freund," sagte der Sergeant Coquard zu Brisbille, „bekümmert Euch ein wenig um diese Sache, und wenn euer Argwohn sich bestätigen sollte, so setzt mich davon in Kenntniß, blos damit ich nöthigenfalls Euch meine Mitwirkung leihen kann. Seid Ihr eurer Sache aber auch gewiß?"

„Wenn ich derselben gewiß wäre, so wären wir ihm schon auf der Spur —"

„Ja, Donnerwetter, das ist wahr! — aber die Aehnlichkeit war vorhanden, nicht wahr?"

„Die Aehnlichkeit? — Diese würde nicht genügen, denn sie ist ein wenig unbestimmt — aber ich bin überzeugt, daß ich Filoche erkannte. Nun aber war Filoche, wie man zu sagen pflegt, Meister Martin's verdammte Seele oder unzertrennlicher Begleiter."

„Und Ihr folgtet dem Wagen?"

„Bis an das Gitter des Schlosses, da aber die Teufelspferde fürchterlich schnell rannten, so kam ich zu spät und das Gitterthor ward mir eben vor der Nase zugeworfen."

„Ihr hättet klingeln und nach dem Namen des Besitzers fragen sollen, denn es muß doch ein Thürhüter in diesem Hause vorhanden sein."

"Das that ich auch. Der Thürhüter öffnete mir. Es war ein großer Kerl von wenigstens sechs Fuß Länge."

"Und was antwortete er Euch?"

"Daß er die Diener rufen und mich tüchtig durchprügeln lassen würde, wenn ich mich nicht sofort meiner Wege packte."

"Ich begreife, daß dieser Empfang Euch nicht sonderlich ermuthigen konnte; übrigens aber erklärt eure Galgenphysiognomie dieses Verfahren ausreichend."

"Den nächstfolgenden Tag kehrte ich nach dem Dorfe Passy zurück. Es gibt dort viele Wirthshäuser und in diesen traf ich einige Cameraden. Ich befragte einen ehrlichen Weinwirth, wo die Kutscher und Lohndiener zu kneipen pflegen. Hier theilte man mir mit, daß jenes kleine Landhaus seit ungefähr acht Tagen von einem vornehmen Fremden, dem Grafen Cardiano-Cardiani und seiner Tochter Regina bewohnt wird."

"Regina! Graf Cardiano-Cardiani!" rief der Sergeant, die Augen weit aufreißend: "In welcher Beziehung können diese Leute mit unserem ehemaligen Capitän stehen?"

"Dies ist eben das Geheimniß," antwortete Brisbille. "Ich mache mich anheischig, es aufzuklären, und rechne auf Euch, um einen Handstreich zu führen, sobald die Sache hinreichend vorbereitet sein wird."

"Ich bin euer Mann," sagte Coquard, indem er sich erhob; "aber beeilt Euch, denn ich werde mit meiner Verheiratung gar nicht lange mehr warten. Die Kleine gefällt mir und ich bin ihr nicht gleichgiltig. Die "Doppelkanne" ist mit meiner Bewerbung einverstanden. Seit dem Tod ihres Mannes hat sie einsehen gelernt, daß es ihr an einer Respectsperson fehlt, und es wird nicht lange dauern, so seht

Ihr mich als Gatten der liebenswürdigen Rosa und als Eigenthümer dieses Etablissements. Dann aber werde ich, wie Ihr selbst einsehet, jedem gefährlichen Abenteuer entsagen müssen."

"Nun, dann findet Euch alle Abende von sechs bis sieben Uhr hier ein. Ehe acht Tage vergehen, sollt Ihr Weiteres von mir hören."

Brisbille füllte und leerte ein letztes Glas Branntwein und verließ das Wirthshaus, nachdem er noch einen herkulischen Händedruck ausgehalten, bei dem er das Gesicht zu einer kläglichen Grimasse verzog.

"Mißbrauche nur deine Kraft, Du plumper Bär," murmelte er, während er die Straße hinabging und seinen schmerzenden Fingern die Geschmeidigkeit wiederzugeben suchte. "Mißbrauche nur deine Kraft, aber hüte Dich vor meinem Riemen, aus welchem ich Dir leicht eine Cravate machen könnte, sobald ich deiner nicht mehr bedarf, um mein Unternehmen glücklich zu Ende zu führen. Es ist augenscheinlich, daß ich dem Capitán auf der Spur bin. Wenn es mir nur gelingt, Filoche wiederzusehen, dann will ich ihn schon zum Reden bringen. Wer zum Teufel kann dieser italienische Graf sein? Sollte unsere Gesellschaft zufällig noch einen andern Anführer gehabt haben, als Meister Martin, den Trödler?"

Coquard stand mittlerweile, die Faust auf die Hüfte gestemmt und sich kokett seinen langen Schnurbart drehend, an den Schenktisch gelehnt und flüsterte der schönen Wirthstochter die süßesten Redensarten zu, welche seine Garnisonserinnerungen ihm an die Hand gaben.

Rosa hörte ihn mit zerstreuter Miene. Im Hintergrunde

des Zimmers verfolgte der „Bullenbeißer" unbeweglich auf seiner Bank die geringsten Geberden des Sergeanten mit Augen, in welchen das ganze Feuer einer wilden, thierischen Leidenschaft brannte. Auf einen Wink seiner Herrin hätte er seinen Nebenbuhler sofort gepackt, und ihm ohne Bedenken den Hals umgedreht.

„Sie wollen mir also nicht antworten, meine Schöne?" sagte der Sergeant. „Bin ich denn geschaffen Haß einzuflößen und werden Sie mir nicht einen zärtlichen Blick schenken? Ihre verehrungswürdige Mutter schenkt mir die Hand ihrer Tochter — das ist eine abgemachte Sache — und ich kann mich hinfort als Ihren glücklichen Gatten betrachten. Es fehlt weiter nichts als die Ceremonie. Ich nehme die Wirthin mit dem Wirthshaus, das versteht sich von selbst, von Ihnen aber, von Ihnen allein, meine reizende Rosenknospe, will ich das Herz geschenkt haben. Also, Grausame, ein einziges Wörtchen und ich liege zu Ihren Füßen."

Indem der verliebte Coquard diese galanten Worte murmelte, hatte er sich dem jungen Mädchen so weit genähert, daß sein furchtbarer Schnurbart, dessen Spitze er unaufhörlich strich und drehte, sie in die Wangen stach, und Rosa prellte, einen leisen Schrei ausstoßend, zurück.

Ein dumpfes Knurren ließ sich hören. Der „Bullenbeißer" erhob sich aus seinem Winkel und kam bis an'de Büffettisch gestürzt, indem er sich zwischen seine junge Herrin und den ehemaligen Sergeanten warf.

„Was will dieser Grobian?" fragte dieser, indem er den Koloß mit den Augen maß.

Rosa verzog den Mund ein wenig schmollend.

In diesem Augenblick trat die „Doppelkanne" in das

Zimmer. Es war ein riesiges Weib mit kupferigem Gesicht, kurzen starken Armen, großen Händen und dicken, ganz mit Ringen bedeckten Fingern.

Sie trug eine Haube von alten Spitzen mit dunkelrothen Bändern aufgeputzt. Ein Blick genügte ihr, um den Auftritt zu errathen, der so eben stattgefunden hatte.

„Was macht Ihr hier?" sagte sie zu dem „Bullenbeißer". „An euren Platz! Und Du, einfältige Närrin, wenn Du mir nicht gehorchst, wenn Du diesen wackeren Jungen abweisest, so ist es aus mit uns! Gehe in dein Zimmer hinauf, ich werde heute Abend deine Stelle hier vertreten. In acht Tagen heiratest Du den Sergeant Coquard oder, so wahr ich eine ehrliche Frau bin, ich heirate ihn selbst und jage Dich aus dem Hause."

Coquard konnte nicht umhin einen Seufzer auszustoßen, als er diese Drohung der „Doppelkanne" hörte.

Rosa ging hinaus, ohne ein einziges Wort zu entgegnen, und die dicke Schenkwirthin setzte sich selbst hinter den Zahltisch und präsidirte mit ganz besonderer Anmuth dem traulichen Beisammensein der Stammgäste des Patriarchenhofs.

Als Rosa die schmale Hausflur durchschritt, in deren Hintergrunde die Treppe sich befand und deren Eingang mittelst einer gebrochenen Thür auf den Hof führte, stieß sie gegen ein Individuum an, welches sich im Schatten hier versteckt hatte.

„Erschrick nicht," murmelte ihr eine sanfte Stimme ins Ohr, „ich bin es."

„Gerard!" rief das junge Mädchen.

„Ich war vor einem Augenblick an der Thür der

Schenkstube und habe Alles gesehen. Dieser nichtswürdige Schuft soll nur durch meine Hände umkommen!«

»O, keine Unklugheit, mein Freund — er würde Dich umbringen. Er ist ein alter Soldat und Du bist weiter nichts als ein armer Arbeiter, der niemals den Degen geführt hat.«

»Ich ein Arbeiter!« rief der junge Mann, den sie Gerard genannt hatte; »was Du doch glaubst! Ich habe mich blos als solcher verkleidet, um in deine Nähe gelangen zu können und um nicht in dieser Spelunke insultirt zu werden. Ich werde Dich aus derselben aber erlösen, das schwöre ich!«

»Aber was bist Du denn? Mein Gott!« fragte Rosa, an allen Gliedern zitternd.

»Ich bin Student der Chirurgie und verstehe den Degen eben so gut zu führen als das Operirmesser. Dein Coquard ist ein nichtswürdiger Schurke, den ich nachdrücklich züchtigen werde. Aber was ging denn heute Abend vor?«

»Meine Mutter drohte mich fortzujagen, wenn ich ihn nicht heirate.«

»Der Elende! — Rosa, liebst Du mich?«

»Du fragst noch!« rief das junge Mädchen naiv.

»Wohlan, dann verlasse noch heute Abend dieses nichtswürdige Haus. Vertraue Dich mir und meiner Ehre an.«

»Ich soll Dir folgen!« rief sie zitternd.

»Ja, komm. Ich werde Dir ein sicheres Asyl ausfindig machen. Du wirst wenigstens frei sein. Ich werde Dich nur besuchen, wenn Du es erlaubst. Fürchtest Du Dich vor mir? Sehe ich wohl aus wie ein Mann, der Dich hintergehen möchte?«

Er hatte ihre beiden Hände ergriffen, die er mit Küssen bedeckte.

Rosa zitterte wie ein Espenlaub; sie fühlte, wie ihr der Muth entsank. Schon zog Gerard sie fort nach der Thür, als ein furchtbares Getöse, Schreien und Fluchen sich in der Trinkstube erhob. Die drohende Stimme des Bullenbeißers übertäubte den Tumult, dann flogen die Fensterscheiben in Scherben und der Patriarchenhof füllte sich mit Neugierigen, die durch eine jener Schlägereien zwischen Betrunkenen herbeigelockt worden, deren Schauplatz diese Spelunke so oft war.

Rosa machte sich aus Gerards Armen los.

»Leb' wohl,« sagte sie zu ihm; »rechne auf mich also, wie ich auf Dich rechne. In acht Tagen, wenn mir keine Hoffnung mehr übrig ist, werde ich mich deiner Ehre und deiner Liebe anvertrauen.«

Nachdem sie dies gesagt, eilte sie rasch in der Richtung der Treppe davon.

Zweites Capitel.

Unter den Kastanienbäumen.

Das Schloß oder vielmehr das Landhaus, dessen Gitterthor sich so ohne weiters Meister Brisbille vor der Nase geschlossen hatte, lag in der Nähe des freundlichen Dorfes Passy am Eingange des Wäldchens von Boulogne.

Zu der Zeit, wo unsere Geschichte spielt, hatte die Anglomanie den höchsten Gipfel erreicht. Man trug englische Hüte, man vertauschte den französischen Rock gegen den englischen Frack. Der Graf von Artois ließ in der Ebene von Sablons und in Fontainebleau englische Pferde rennen; der Marquis von Lafayette verlangte eine englische Constitution und mehrere Gärtner legten englische Parks und Gärten an und vergaßen die großartigen, ernsten Traditionen Lenôtre's, die schönen reinen Linien des französischen Gartens, mit ihren zugestutzten Lauben, ihrem Epheu und ihrem Buchsbaum, die gleich unermeßlichen Spiegeln in einen Rahmen von rothem Marmor geschlossenen Bassins und die classische Fontaine.

Mitten in einem englischen Garten erhebt sich die Villa, ein reizendes Bauwerk Ludwigs des Dreizehnten, von rothem Backstein mit steinernen Simsen.

Ein umfangreicher, unregelmäßiger Rasenplatz, mit Blumengruppen an den Ecken, liegt zwischen dem Gitterthore und der Rampe, die den Aufgang zu dem Hause bildet.

Um diesen Rasenplatz herum zieht sich eine große fahrbare Allee, von jeder Seite bergen große Dickichte von Gesträuch und Acacien die Nebengebäude und die Ställe.

Auf der andern Seite des Hauses verwandelt der Garten sich allmälig in einen echten Park, der von geschlängelten Fußsteigen durchschnitten wird und mit der Natur nachgeahmten Unebenheiten und dergleichen versehen ist.

Man sieht hier niedliche kleine Hügel, kokette Schluchten, Gießbäche, welche über einen Felsen herabstürzen, den ein ehrlicher Arbeiter zurechtgehauen und gebührend mit Moos und Flechten beklebt hat 2c.

Besser aber als diese ganze erkünstelte Landschaft war

ein prachtvolles Wäldchen, welches durch einige hundert schöne Kastanienbäume gebildet ward.

Das Laubwerk derselben bildete ein dichtes, für die Strahlen der Sonne undurchdringliches Gewölbe, unter welchem selbst mitten am Tage ein Halbdunkel und die ganze Frische der Nächte herrschte. Eine Bank von weißem Marmor lud den Spaziergänger ein, in diesem friedlichen Schatten auszuruhen.

Hier verbrachte Regina jeden Tag lange Stunden, während sie eine Beute ihres untröstlichen Schmerzes war.

Wie verändert war sie, die kokette, verführerische Italienerin, deren Stirn, bis jetzt so weiß, so glatt und kalt wie Alabaster, niemals einen traurigen Gedanken wiedergespiegelt, deren Blick der ungetrübte Glanz des Diamanten gewesen war!

Ehe wir jedoch das Geheimniß dieses Schmerzes erforschen, wollen wir einen Blick zurückwerfen und sehen, was in dem Hotel des Grafen Cardiano-Cardiani vorgegangen war, als der Doctor Savarus den Gästen das tragische Ende, welches der Graf Jules von Bervilly in dem Hinterhalt des Notredameplatzes gefunden, mitgetheilt hatte.

Regina war wie vom Donner gerührt zusammengesunken.

Louise von Prie wollte, wie wir bereits erzählt haben, von dem Drange ihres Herzens getrieben, reden und vielleicht laut ausrufen, daß ihr Cousin noch lebe, daß sie erst am Abend vorher einen Brief von ihm erhalten, aber ihre Mutter hielt ihr die Hand auf den Mund und führte sie aus dem Salon hinaus.

Frau von Prie verließ einige Augenblicke später das Hotel. Sie war nun über Regina's Liebe zu Louisens Bräutigam vollständig aufgeklärt und sah schon in dieser Liebe neue Schmerzen für ihr armes Kind.

In dem Augenblick, wo sie ihren Wagen vorfahren ließ und die Diener sich rasch zu beiden Seiten der Thür aufstellten, ließ sich ein wiederholter Schreckensruf hören und ein Mann mit stieren Augen und verstörten Zügen, ohne Hut, mit wirrem Haar, eilte wie ein Blitz vorüber in den Hof hinein und verschwand bald unter dem herabströmenden Regen.

Louise und ihre Mutter glaubten den Grafen Cardiano-Cardiani zu erkennen.

Die noch immer ohnmächtige Regina war von ihren Frauen in ihre Gemächer getragen worden.

Noch war seit diesem Auftritte keine halbe Stunde vergangen, so waren schon sämmtliche Leuchter ausgelöscht, das Hotel in Nacht und Dunkel versenkt, und Niemand, der die große schwarze Masse sich gegen den bewölkten Himmel abheben gesehen, hätte geglaubt, daß so eben ein Fest dieses Haus mit Geräusch, Gesang und Wohlgeruch erfüllt habe.

Ein einziges Fenster auf dem linken Flügel des Gebäudes ist noch erleuchtet. Es ist das des Zimmers Regina's.

Diese liegt auf einem Bett ausgestreckt, dessen mit rosenfarbener Seide gefütterte Spitzendecke man nicht hinweggenommen.

Regina ist noch in vollständiger Toilette, mit Blumen im Haar.

Neben ihr sitzt der Doctor Savarus, fühlt ihr an den Puls und theilt der alten Verwandten des Grafen das Recept zu einem Tranke mit, welcher die Sinne der Kranken beruhigen soll, sobald sie aus ihrer langen Ohnmacht erwachen wird.

Ueber zwei Stunden sind vergangen und Regina liegt immer noch unbeweglich auf ihrem Bett.

Savarus hat sich nicht von seinem Sessel gerührt.

Sein sanfter, ruhiger Blick ist auf die Tochter des römischen Grafen geheftet und seine Gedanken scheinen sich alle in dieser stummen Betrachtung zu concentriren.

Wenn man ihn jedoch näher ins Auge faßt, so sieht man, daß diese Haltung eine rein mechanische ist, daß sein Geist anderswo ist, und fast unbemerkbare Bewegungen seiner Lippen verrathen eine jener inneren Wallungen, welche die Seele absorbiren und aufregen, während alle Spannkraft des Organismus erschlafft.

Savarus' Lippen haben einige Worte gemurmelt. Ein Datum, ein Name kehren in diesem Hinbrüten oft wieder.

„Sie ist es — ich sehe sie — in ihre Festgewänder gekleidet. Emina — Emina! Dein weißes Gewand ist mit Blut besudelt — der Stahl hat deinen schönen Busen durchbohrt. Soeben habe ich deinen letzten Seufzer gehört. — Und er — der Feigling! Er ist geflohen und hat das lebende Zeugniß seines Verbrechens mit hinweggenommen. Arme Emina! Der Tod hat Dich freigesprochen — aber Gerold? Ha, die Rache wird schrecklich sein, wenn sie aus meinen Händen fällt wie die reife Frucht vom Baume!"

Plötzlich ward Savarus durch ein Geräusch draußen auf dem Corridor, durch einen schweren, schleppenden Tritt aus seinem Hinbrüten aufgerüttelt.

Er erhob sich, fuhr sich mit den Händen über die Stirn

und lächelte bitter, als er Regina immer noch wie eine Leiche daliegen sah.

Dann öffnete sich die Thür des Zimmers und ein Mann zeigte sich auf der Schwelle.

Es war der Graf Cardiano-Cardiani. Seine Kleider waren mit Koth bespritzt und trieften vor Nässe. Sein Auge stierte wie das eines wilden Thieres, sein Athemzug war kurz und keuchend.

»Regina!« röchelte er.

Der Doctor zeigte auf das Bett.

»Todt! todt! — ich habe sie getödtet!«

»Beruhigen Sie sich, kommen Sie zur Besinnung. Ihre Tochter ist blos ohnmächtig und in einigen Augenblicken werden Sie das Leben auf's Neue in ihren durch eine gewaltige Erschütterung gelähmten Adern circuliren sehen.«

»Sie werden mir meine Tochter wiedergeben!« rief der Vater vor Freude zitternd. »Sie werden mir sie wiedergeben, nicht wahr? Sie sind mein Retter! Ha! wenn Sie mir auch den Andern wiedergeben könnten — den Andern, welchen man getödtet hat.«

»Von wem sprechen Sie?« unterbrach Savarus in kaltem Tone. »Wen wollen Sie von mir wiedergegeben haben, Herr Graf?«

»Was habe ich gesagt? Entschuldigen Sie meinen Wahnsinn, verzeihen Sie meinem Schmerz,« hob Regina's Vater, der sich seiner Tochter genähert hatte, wieder an. »Sie verstehen meine Verzweiflung, nicht wahr? Mein Kopf ist wüst — welch' eine entsetzliche Nacht! Aber sie ist gerettet. — Ha, ich fühle schon die leisen Schläge ihres Herzens, und ihre Wangen beginnen sich zu röthen. Ach, wenn Sie wüßten, was Vaterliebe ist!«

»Ich habe kein Kind,« sagte Savarus.

»Wenn Sie wüßten, welches Glück und welche Freude diese theuren Wesen uns bereiten, welchen Platz sie in unserer Existenz einnehmen!«

»Schweigen Sie,« rief der Doctor in einem rauhen Tone, der ihm sonst nicht eigen zu sein pflegte, »Ihre Tochter erwacht jetzt. — Ersparen Sie ihr alle Gemüthsbewegung. Die Krisis ist vorüber, einige Tage Ruhe wird auch die letzten Spuren dieses Unfalles verschwinden lassen. Sie bedürfen jetzt meiner nicht mehr — leben Sie wohl.«

Und er entfernte sich rasch trotz der inständigen Bitten des Grafen.

»Ein seltsamer Mann,« sagte dieser.

Am nächsten Tage kaufte der Graf Cardiano-Cardiani das Landhaus in Passy und brachte seine Tochter dorthin. Hier versuchte er die tiefe Traurigkeit, die sich ihrer bemächtigt hatte, zu bannen, widmete ihr die liebreichste Sorgfalt, vermied aber die geringste Anspielung, wodurch ihr die traurige Nachricht, welche der Doctor ihr so unvorsichtigerweise mitgetheilt, wieder in die Erinnerung hätte zurückgerufen werden können.

Regina schien ihrerseits sich ebenfalls vorgenommen zu haben, niemals davon zu sprechen.

Aus dieser doppelten Zurückhaltung war aber ein peinlicher, fortwährender Zwang hervorgegangen, welcher viel dazu beitrug, die seltenen Augenblicke, welche Regina ihrem Vater widmete, zu trüben.

Allmälig versenkte sie sich in ihren Schmerz, wies jede

Zerstreuung zurück und flüchtete sich wie eine scheue, gefangene Gazelle schon vom Morgen an in den Park.

Bleich, stumm, mit abgemagerten Wangen und thränenfeuchtem Auge nahm Regina unter den Kastanienbäumen Platz und saß hier stundenlang in tiefes Hinbrüten versunken.

Savarus hatte die Wahrheit gesprochen.

Alle liebenden Fähigkeiten dieser Seele, welche in der künstlichen, kahlen Existenz, die man ihr bereitet, so lange geschlummert, waren beim ersten Worte von Liebe, welches sie gehört, bei der ersten jugendlichen Berührung, die sie erfahren, mit verzehrender Energie erwacht.

Die ganze Vergangenheit war verschwunden, die matten Erinnerungen ihrer Kindheit waren in ihrem Gedächtniß erloschen, um einem einzigen Gedanken, einem einzigen Gefühl Raum zu machen.

Und in dem Augenblick, wo sie, wie von Wonne berauscht, sich in einer leuchtenden Atmosphäre entfaltete, in welche sie durch eine wahre Leidenschaft eingedrungen war, in dem Augenblicke, wo sie fühlte, daß sie lebte, hatte ein Wort ihr Glück zertrümmert, ihrem Herzen jede Hoffnung und jede Poesie geraubt und nur Nacht und Leere darin zurückgelassen.

Woran dachte sie in jenen langen Stunden, die sie auf dieser einsamen Bank zubrachte?

Der Donnerschlag, der sie getroffen, hatte in ihr alle Willensthätigkeit ertödtet.

Sie verzehrte sich langsam in einer Art fieberhafter Schlafsucht, die nur dann und wann von glühenden Blitzen durchzuckt ward. Die Spannkraft ihrer Seele war gebrochen wie die Sehne eines zu rasch gespannten Bogens.

Ihr Vater hatte vergebens den Doctor Savarus wieder zusehen gesucht. Dieser war nicht wieder zum Vorschein gekommen.

Und dennoch war der Graf Cardiano-Cardiani überzeugt, daß nur er seine Tochter retten würde, wenn die menschliche Wissenschaft überhaupt noch ein Mittel gegen die furchtbare Krankheit besäße, welche sich der Seele bemächtigte, um desto besser den Körper zu morden.

Endlich entschloß er sich in seiner Verzweiflung zu einem letzten Versuche. Er wollte den Finger auf die blutende Wunde legen und Regina's Schmerzen von Neuem anfachen.

"Vielleicht," sagte er bei sich selbst, "führt eben das Uebermaß ihrer auf rauhe Weise überreizten Schmerzen eine Reaction herbei."

Regina saß allein unter den Kastanienbäumen. Ihr reizendes Antlitz zeigte die Spuren von Schlaflosigkeit.

Wir haben die tiefe Trauer Louisens von Prie gesehen, als sie die Untreue ihres Cousins ahnte, ihren unermeßlichen Schmerz, als eine furchtbare Offenbarung sie im Innern der Bretagne von dem tragischen Abenteuer des Grafen Jules von Bervilly in Kenntniß setzte.

Louise von Prie hatte von jener verhängnißvollen Nacht an bis zu dem Augenblick, wo ihr der geheimnißvolle Brief durch den Boten des Doctors Peyrotte zugestellt worden, viel gelitten. Sie hatte ebensoviel gelitten als Regina; bei ihr aber war der Schmerz eine Prüfung, bei Regina dagegen nur eine düstere Hoffnungslosigkeit.

Der Graf Cardiano-Cardiani nähert sich leise seiner Tochter, welche seine Gegenwart nicht zu bemerken scheint. Er betrachtet sie einige Augenblicke lang mit stummer Betrübniß.

Auch er hat sich sehr verändert. Sein stolzer Blick hat seine Energie verloren, seine Gestalt ist gebeugt, zwei tiefe Falten durchfurchen seine Stirn, sein Tritt ist wankend und unsicher.

„Regina," murmelte er mit der Betonung einer Mutter, die ihr Kind wecken will, aber den Laut ihrer Stimme abmißt, damit der Uebergang vom Traum zur Wirklichkeit geschehe, ohne es zu erschrecken.

„Du bist es, mein Vater?" sagte sie. „Ach, Du hast wohl daran gethan, zu kommen! Ich habe von vielen Dingen mit Dir zu sprechen. Setz Dich hierher — noch etwas näher, damit Du mich besser hörest, denn ich fühle, daß meine Kräfte allmälig erlöschen."

„Du leidest also immer noch, armes Kind?"

„In einigen Tagen werde ich nicht mehr leiden," sagte sie, indem sie ihre schönen Augen zu ihrem Vater erhob.

„Du liebtest ihn also wohl sehr?"

„Wie?" rief Regina zusammenzuckend, „was meinst Du?"

„Ich weiß Alles, meine geliebte Tochter; ich kenne die Ursache deines tiefen Kummers. Warum hast Du mir von dieser Liebe nicht schon früher gesagt? Warum hast Du mir so lange eine Neigung verschwiegen, die ich nicht getadelt haben würde? Unkluges Kind! Ein großes, gegenwärtig nicht wieder gutzumachendes Unglück wäre dann nicht geschehen."

Es trat augenblickliches Schweigen ein, dann hob der Graf, indem er die ganze Zärtlichkeit, die sein Herz erfüllte, in seine Stimme zu legen suchte, wieder an:

„Regina, wir werden von hier fortgehen, wir wollen diese fluchbeladene Stadt verlassen, in welche ich Dich geführt, um Dich glücklich zu machen, weil ich glaubte, die Freuden der äußeren Welt, Feste, Bälle, Luxus und die Wunder und berauschenden Vergnügungen einer großen Stadt würden an und für sich hinreichen, dein Herz zu erfüllen. Wir verlassen Paris, wir beginnen wieder jenes Nomadenleben, wo man nicht Zeit hat der Erinnerung zu leben, wo die sich fortwährend vervielfältigenden Eindrücke den Gedanken hindern, feste Form zu gewinnen, und Du wirst endlich vergessen, nicht wahr?"

Regina schüttelte den Kopf.

„Ich werde niemals vergessen," sagte sie; „ich will nicht vergessen. Ich habe weiter nichts als die Erinnerung."

„Wohlan, dann wollen wir uns in tiefe Einsamkeit zurückziehen, und alle Tage von ihm sprechen —"

„Höre mich an," unterbrach sie ihn. „Ich will Dich nicht täuschen, ich will Dir nicht eine Hoffnung lassen, die ich selbst nicht hege. Ich sage dies, weil ich Dich liebe, denn die Schmerzen, welche uns unerwartet treffen, die uns mitten in geträumter Sicherheit, in der Freude und Ruhe des Herzens überfallen, sind die grausamsten. Du wunderst Dich, mich dergleichen Dinge sagen zu hören, mich, das leichtherzige, sorglose Kind, welches Du in dem unwandelbaren, aber künstlichen Glück, wovon es umgeben war, stets so kalt und so egoistisch gesehen. Der Grund hiervon liegt darin, daß ich geliebt habe, siehst Du. Ich habe geliebt, wie meine Mutter geliebt haben muß, von der Du mir so oft erzähltest, als ich noch klein war. Ich werde auch sterben, wie meine Mutter gestorben ist."

"Schweig!" rief der Graf, indem er sich hastig erhob. "Deine Mutter starb von Mörderhand. Du weißt es; in meinen Armen ward sie ermordet."

"Wohlan, auch ich werde eines solchen Todes sterben," sagte Regina, "denn ich sterbe von dem Stoße, der ihn getroffen —"

In diesem Augenblicke ward am Ende der Allee ein Diener sichtbar, welcher den emaillirten Teller trug, auf welchem er gewohnt war dem Grafen die eingegangenen Briefe zu überreichen.

Regina's Vater eilte auf ihn zu. Eine unerklärliche Ahnung sagte ihm, daß dieser ganz alltägliche Vorgang zu seiner schmerzlichen Lage in irgend einer Beziehung stehe.

Die Ueberschrift des Briefes, welchen der Diener brachte, war von unbekannter Hand.

Der Graf öffnete das Couvert, durchflog rasch einige Zeilen des Briefes, unterdrückte einen Ausruf der Ueberraschung, beinahe des Schreckens, taumelte und mußte sich an einen Baum lehnen, um nicht umzusinken.

Nachdem er sich einigermaßen wieder erholt, ging er rasch in das Haus hinein, in sein Cabinet hinauf, schloß sich in dasselbe ein und warf sich keuchend und beide Hände auf die Stirn drückend in einen Armsessel.

"Ha!" sagte er nach einigen Augenblicken, "ist es vielleicht nur eine Täuschung der Sinne? Ist mein Verstand mir vielleicht untreu geworden?"

Und er las die folgenden Zeilen:

»Herr Graf! — Nur eine gezwungene Abwesenheit von einigen Wochen hat mich abgehalten, gleich nach Ihrer Wiederankunft in Paris in Ihrem Hotel zu erscheinen. Wie ich höre, wohnen Sie gegenwärtig auf dem Lande. Ein wichtiger Beweggrund, von welchem meine theuersten Interessen abhängen, läßt mich lebhaft eine Unterredung wünschen, die ich Sie bitte, mir in möglichst kurzer Frist zu gewähren. Mein Name ist Ihnen vielleicht nicht bekannt, er gehört aber einer edlen und reichen Familie der Bretagne an. Ich erwarte die Ehre Ihrer Antwort.

»Vicomte Jules von Bervilly.«

Auf die Unterschrift des Vicomte folgte die Adresse desselben.

Regina's Vater ergriff ein Blatt Papier und eine Feder und schrieb die wenigen Worte:

»Der Graf Cardiano-Cardiani wird die Ehre haben, morgen um zwei Uhr den Herrn Vicomte Jules von Bervilly zu empfangen.«

Dann klingelte er einem Diener.

»Rasch,« sagte er, »befördere diesen Brief an seine Adresse und lasse Herrn Durand heraufkommen.«

Wenige Augenblicke später trat Durand in das Cabinet.

»Hier, Filoche, lies dies,« sagte der Graf, indem er ihm den Brief gab.

»Der Vicomte Jules von Bervilly!« rief der ehemalige Genosse des Meister Martin.

»Ich weiß nicht, was ich denken soll. Mach' Dich sofort auf und komm bald wieder, um mir zu sagen, ob wir nicht das Spielwerk irgend einer Machination sind."

Als Durand oder Meister Filoche fort war, lenkte der Graf seine Schritte wieder nach den Kastanienbäumen, unter welchen er die untröstliche Regina zurückgelassen.

Drittes Capitel.
Ein Gespenst.

Um die so eben erzählten Vorgänge dem Leser ganz verständlich zu machen, müssen wir wieder einige Schritte zurückthun und einige Lücken in unserer Erzählung ausfüllen.

Das Leben ist nicht eine gerade Linie oder eine kahle, vollkommen ebene Heerstraße, sondern ein geschlängelter Querweg, der wunderliche Zickzacks bildet, bald über eine glatte Ebene, bald in mehr oder weniger düstere Wälder hineinführt und unaufhörlich neue, unvorhergesehene Ansichten darbietet.

Dies ist der Grund, weshalb die Wissenschaft des Lebens so schwierig ist und weshalb so wenig Leute sich darin richtig zu bewegen wissen.

Es gibt kein auch noch so alltägliches Menschenleben, welches, wenn man es näher ins Auge faßte, nicht überraschendere Wechselfälle und interessantere Situationen darböte als die Schöpfungen unserer phantasiereichsten Romandichter.

Das Drama spielt weniger auf den Bretern des

Theaters als vielmehr in den Häusern, die wir bewohnen, unter unseren eigenen Dächern.

Jeden Tag begegnen wir auf der Straße Unglücksfällen, Unmöglichkeiten und Unwahrscheinlichkeiten, die weit, weit größer sind als die, welchen wir für unser Geld in einer numerirten Loge zwischen vier schlechtgemalten Papierwänden beim Scheine einer räucherigen Lampe Beifall zuklatschen.

Da wir aber das wirkliche Leben nur in aufeinanderfolgenden Einzelheiten sehen, so erscheint uns jede dieser Einzelheiten als ein vollständiges Ganze und unsere Liebe zum Wunderbaren findet dabei keine Nahrung.

Der Doctor Peyrotte, welcher für die an Filoche bezahlten vierzig Livres in Besitz des Cadavers des Vicomte Jules von Bervilly gesetzt worden, wollte mit demselben eines jener Experimente vornehmen, mit welchen die gelehrte Welt sich damals viel beschäftigte.

Der Mensch glaubte das Geheimniß des Lebens in jenem geheimnißvollen Fluidum gefunden zu haben, welches Galvani und Volta entdeckt hatten und welches selbst dem Tode auf einige Augenblicke die Bewegung und eine Art passiver Empfindung zurückgab.

Peyrotte war ein Schüler Mesmer's und einer jener unruhigen, kühnen, rücksichtslosen Geister, welche alle Forschungen wagen und verfolgen, weil sie an nichts glauben. Den Glauben an ein höchstes Wesen, welches durch directe und unmittelbare Wirkung seines Willens und seiner Macht der Creatur das Leben gegeben, verwarf er mit stolzer Verachtung als die gemeinsame Tradition aller Religionen, aber er war nahe daran zuzugeben, daß der Mensch selbst die Gesetze der Natur umstürzen könne.

Nachdem er, wie wir bereits erzählt, den Nerv und den Muskel des Zwerchfells bloßgelegt, brachte er die beiden Leitdrähte der Volta'schen Säule mit diesen Organen in Berührung und erwartete in größter Spannung das Ergebniß.

Dieses Ergebniß war ein staunenerregendes.

Kaum hatte die gewaltige Maschine sich ihres Fluidums entledigt, kaum hatte das geheimnißvolle Agens in dem doppelten Leitdrahte circulirt, so drehte sich der Augapfel des Cadavers in der seltsam erweiterten Augenhöhle; die Arme bewegten sich zwei- oder dreimal, der ganze Körper erzitterte unter der galvanischen Erschütterung und richtete sich zur sitzenden Stellung empor, gerade wie Lazarus gethan haben muß, als ein übernatürlicher Wille ihm befahl, von den Todten aufzuerstehen.

Eine dumpfe, hohle Stimme ließ sich hören.

„Wo bin ich?" fragte sie. „Was wollt Ihr von mir?"

Dann fuhr sich der Cadaver mit beiden Händen nach dem Hals und als ob er einen heftigen plötzlichen Schmerz empfände, entrang sich ein Schrei den weißen Lippen; dann sank er wieder auf den Tisch nieder und blieb unbeweglich liegen.

Peyrotte fühlte während dieses seltsamen und furchtbaren Auftritts, der nur wenige Secunden dauerte, den kalten Schweiß auf seine Stirn treten und das Blut in den Adern gerinnen.

Endlich gelang es ihm den Schrecken, der sich seines

ganzen Wesens bemächtigt hatte, zu überwinden und er bückte sich begierig über den Cadaver.

Zu seinem Erstaunen gewahrte er, daß die halbgeöffneten Lippen einen leichten Athemzug von sich gaben, daß auf die mattweiße Farbe des Gesichts eine durchsichtige Blässe gefolgt war.

Er legte die Hand auf das Herz des jungen Mannes und fühlte die Pulsschläge dieses Herzens. Allmälig sah sein geübtes Auge unter der äußern Haut den Kreislauf des Blutes beginnen, und das Leben drang wieder in alle Organe.

Es war nicht mehr ein Cadaver, welcher hier lag, sondern ein lebendes Wesen, und die Wissenschaft hatte den Tod besiegt.

Dieser Gedanke erfüllte den Doctor sofort mit unermeßlichem Stolze.

Heute noch gezwungen zu sein, eine entehrte Existenz zu verbergen und einen verachteten Namen vergessen zu machen, und morgen schon vor der Welt mit der großen Entdeckung des Jahrhunderts, mit dem Geheimniß des Lebens hervorzutreten — welch' ein Traum!

Plötzlich ließ sich ein gellendes, spöttisches Gelächter hinter ihm hören.

Er drehte sich um. Der Doctor Savarns stand hinter ihm.

»Ihr Experiment ist herrlich gelungen,« sagte dieser, »aber ein einziger Punkt beunruhigt mich Ihretwegen.«

»Sie waren hier? Wohl schon lange?«

»Von Anfang an. Da Laura mir gesagt hatte, was man Ihnen in dieses Zimmer getragen und da ich die von

Ihnen getroffenen Vorbereitungen sah, so ahnte ich sogleich, welche Albernheit Sie begehen würden.«

»Eine Albernheit?« stammelte Peyrotte bestürzt. »Sie nennen dies eine Albernheit?«

»Versteht sich. Wissen Sie denn gewiß, ob der Elende, der Ihnen das Hauptmaterial zu Ihrer traurigen Industrie liefert, Ihnen diesmal einen wirklichen Cadaver geliefert hat?«

»Was wollen Sie damit sagen?«

»Sehr wenig; weiter nichts als daß dieser Mensch gar nicht todt war. In dieser selben Nacht hat ein ihm eingeflößtes kräftiges Elixir die Hoffnung der Mörder getäuscht.«

»Von welchen Mördern sprechen Sie? Ich verstehe nicht.«

»Ich spreche von jenen Mördern, welche ganz Paris in Angst und Schrecken setzen, von jenen ungreifbaren Würgern, von deren Opfern schon mehr als eins hierhergebracht worden. O läugnen Sie es nicht! Sie wissen, daß man mich nicht täuscht und daß ich Sie schon seit langer Zeit kenne.«

»Das ist wahr,« sagte Peyrotte, den Kopf senkend. »Uebrigens sind Sie mein Herr und Meister. Was soll ich thun? Sprechen Sie. Sie wissen, daß ich in Ihren Händen weiter nichts als ein gelehriges Werkzeug bin.«

»Hören Sie. In einigen Stunden wird dieser junge Mann wieder vollständig zum Leben erwachen. Ich will Ihnen seinen Namen sagen. Es ist der Vicomte Jules von Bervilly. Wie er unter der furchtbaren Schnur der Würger gefallen ist, daran kann Ihnen weiter nichts liegen, was Sie aber zu thun haben, ist Folgendes. Seine Wiederherstellung wird lange dauern. Widmen Sie ihm die sorgfältige Abwartung und Behandlung, welche die Wissenschaft Ihnen vorschreibt. Sagen Sie ihm, sobald er wieder kräftig genug sein wird, um aufzustehen, daß unversöhnliche Feinde ihm den Tod geschworen und daß er, wenn er dieses Asyl verließe, bevor die unbekannten Freunde, die ihn gerettet, ihm einen geheimen Rathschlag übermittelt, er nicht blos sein Leben auf's Neue gefährden, sondern auch ein großes Unglück über die Personen bringen würde, die ihm theuer sind. Sagen Sie ihm, daß seine Cousine Louise von Prie, daß Regina, ja daß Regina in Gefahr gerathen würde. Bieten Sie mit einem Worte zu diesem Zwecke alle Mittel auf, die in Ihrer Macht stehen. Dieselben werden alle gut sein, dafern sie den jungen Mann nur so lange zurückhalten, bis ich Ihnen neue Befehle gegeben habe."

Was Savarus dem Doctor Peyrotte vorhergesagt, war in Erfüllung gegangen.

Einige Stunden später kam Jules von Bervilly wieder zu sich, zugleich aber bemächtigten Fieber und Delirium sich seiner.

Die eifrige Sorgfalt des Skelettfabrikanten und Laura's, so wie die unerschöpfliche Hilfsquelle der Jugend triumphirten jedoch über die Folgen der furchtbaren Erschütterung, die er erlitten.

Nach Verlauf einer Woche konnte er aufstehen.

Nun erzählte in Folge neuer von Savarus erhaltenen Instructionen Peyrotte dem Vicomte die Ankunft der Frau von Prie und Louisens in Paris, ihre Unruhe und die Nachforschungen, welche sie betrieben, und gab ihm den Gedan=

ten ein, ihnen den Brief, den wir bereits gelesen, zu schicken, um sie zu beruhigen und die Einstellung ihrer gefährlichen Nachforschungen zu veranlassen.

Seine Wiederherstellung war vollständig, seine Kräfte waren zurückgekehrt und mit denselben auch die ganze Fülle seines Willens.

Nur mit von Tag zu Tage steigender Ungeduld ertrug er die Zurückgezogenheit, welche er auf Verlangen geschworen hatte nicht zu verlassen, bis endlich der Doctor Peyrotte ihm ankündigte, daß er nun ohne Gefahr wieder in der Welt erscheinen könne.

Am Tage nach jenem ereignißvollen Abend, wo Savarus so grausam Regina ins Herz getroffen, wo der Graf Cardiano-Cardiani wie ein Wahnsinniger aus seinem Hotel geflohen war, wo die Agenten des Herrn von Crosne in der Rue de la Calandre den Schlupfwinkel der Würger entdeckten und in denselben eindrangen, verließ Jules von Bervilly den Pavillon des Boulevard Montparnasse.

Wohin lenkte er seine Schritte?

Zwei Verlockungen winkten ihm, zwei Namen schwebten auf seinen Lippen — Louise und Regina.

Vor einigen Tagen noch würde Regina den Vorrang behauptet haben.

Wie oft aber war ihm in seinem Fieber das holde Antlitz seiner Cousine erschienen! Wie oft waren in ihm die Erinnerungen an die glückliche, im Schlosse Kerouel in Louisens Nähe verlebte Zeit erwacht.

In der Aufregung des Vergnügens oder der Geschäfte, in dem geräuschvollen oder thätigen Leben, in dem Tumult der Sinne oder den Beunruhigungen des Gemüthes entschwinden die reinen Bilder, die frischen Eindrücke der Jugend aus dem Gedächtniß.

Sie scheinen auf immer der Vergessenheit anheimgefallen zu sein und die Seele nimmt nur unter heftigen Leidenschaften noch Eindrücke auf.

Sobald aber die Ruhe wiederkehrt, sobald die Sinne sich beschwichtigen, leben alle jene reizenden Gegenstände der Vergangenheit plötzlich wieder auf und kommen mit der ganzen Deutlichkeit einer Erinnerung von gestern wieder zum Vorschein.

Jules von Bervilly zögerte keinen Augenblick, sondern eilte sofort nach dem Hotel in der Rue du Mail. Welcher Freudenrausch und welches Glück für Alle!

Louise war glücklicherweise auf diese Rückkehr vorbereitet; eine zu starke Gemüthsbewegung würde ihr das Herz gebrochen haben.

Dieser Tag war entscheidend in ihrem Leben. Unter dem Auge ihrer Mutter überließ das keusche naive Mädchen sich ohne Zwang dem Ausdruck des Gefühls, welches sie vollständig erfüllte.

Sie wußte nichts von den Befürchtungen der Frau von Prie, von dem Verhältniß ihres Cousins zu Regina; ihre früheren Ahnungen, die ihren Grund in der Kälte gehabt, welche sie in Jules' Briefe, den sie in dem Schlosse Kerouet erhalten, bemerkt, waren in den Hintergrund getreten oder vielmehr sie vergaß dieselben in der süßen Wirklichkeit, die alle ihre Gedanken in Anspruch nahm.

Ihr Verlobter, der Gefährte ihrer Kindheit, war ihr wiedergegeben; über diesen Gedanken hinaus gab es für sie nichts, und als Jules ihre jungfräuliche Stirn mit seinen

Lippen berührt, hatte sie in einem einzigen Augenblick alle Freuden der Erde zu schmecken geglaubt.

Frau von Prie hatte mit dem Sohn ihrer Schwester eine lange Unterredung. Ihre mütterliche Besorgtheit bedurfte ernsterer Bürgschaft für die Zukunft als diese Herzensergießungen der Jugend.

Sie ging deshalb sofort auf die eigentliche Frage ein, welcher der Vicomte übrigens ebenfalls nicht auszuweichen suchte.

Der Vicomte war eine jener so häufigen Naturen, welche hinter der Außenseite einer liebenden Seele große Leichtfertigkeit und wirklichen Egoismus bergen, die sich aber selbst täuschen, aufrichtig an ihre Tugend glauben und stets bereit sind, die Eingebung einer alltäglichen Empfindsamkeit, deren Quelle hauptsächlich im Kopfe, aber nicht im Herzen zu suchen ist, im guten Glauben für eine dauernde Zuneigung zu halten.

In Folge einer unwillkürlichen Berechnung gestand er einen Theil seines Fehltrittes zu, um sich das Verdienst der Freimüthigkeit zu geben, während er die andere Hälfte seines Geheimnisses für sich behielt.

Er that dies ganz natürlich, ohne Zwang und indem er sich selbst zuerst täuschte, und konnte Frau von Prie um so leichter überzeugen, als er selbst mit vollständiger Ueberzeugung zu sprechen glaubte.

Es versteht sich von selbst, daß Frau von Prie sich wohl hütete, ihm etwas von dem Auftritt, der bei dem Grafen Cardiano-Cardiani stattgefunden, und dem theatralischen Schmerze Regina's zu erzählen.

*

Uebrigens ward sie durch zwei Nebenumstände bei dieser Zurückhaltung begünstigt.

Unter den Zeugen jenes Auftritts befanden sich, wie man sich erinnern wird, der Maler Dalkens und der Chevalier von Roswil.

Nun aber reiste der Maler nach Rom ab und zwei Tage später verließ Georg von Roswil, in Verzweiflung über den Brief, in welchem ihm Pelagie ewige Trennung ankündete, Paris, um seinen Verdruß in der Einsamkeit eines seiner Landgüter zu begraben.

Louisens Mutter beging hierin einen großen Fehler.

Sie beraubte sich freiwillig der einzigen Probe, nach welcher sie die Aufrichtigkeit des Vicomte hätte beurtheilen können und wodurch er selbst über die eigentliche Situation seines Herzens aufgeklärt worden wäre.

Die menschliche Klugheit räth oft zu dergleichen Compromissen mit der Logik.

Frau von Prie hätte den Vicomte gern selbst wieder nach dem Schlosse zurückgeführt, dieser aber hatte in Paris wichtige Angelegenheiten zu ordnen und in Versailles gewisse Schritte wegen eines Erbtheils seines Vaters zu thun, der, nachdem er sein Amt bei Hofe kurz vor seinem Tode niedergelegt, seinen Gehalt nicht erhoben, dessen spätere Auszahlung streitig gemacht worden war.

Die beiden Damen reisten daher allein ab, denn sie wurden durch Herrn von Kerouet zurückberufen, den ein heftiger Gichtanfall in schmerzhafter Weise an seinen Lehnstuhl fesselte.

Jules sollte in spätestens einem Monat sich wieder bei

seiner Vermälung einfinden. Seine Vermälung mit Louisen war auf das Ende des Jahres festgesetzt.

Der ihm bestimmten Frist um eine Woche zuvorkommend, traf er schon seine Anstalten und ließ keine Sehnsucht zurück oder nahm vielmehr keine Erinnerung mit hinweg.

Hatte er denn Regina gänzlich vergessen?

Eines Abends erschien ein unbekannter Mann bei ihm.

»Ich bin der Doctor Savarus,« sagte der Unbekannte, »der Freund des Grafen Cardiano-Cardiani.«

»Ich habe nicht die Ehre den Grafen zu kennen,« antwortete Jules.

»Ich weiß wohl, daß Sie ihn niemals gesehen haben, aber Sie kennen seine Tochter.«

»Wer hat Sie von diesem Umstand in Kenntniß gesetzt, mein Herr, und in welcher Absicht erinnern Sie mich daran?«

»Ich thue es aus Anhänglichkeit.«

»Und darf man fragen, wer der Gegenstand dieser Anhänglichkeit ist?«

»Der Graf Cardiani selbst.«

»In der That, Sie sprechen in Räthseln, mein Herr. Ich bitte, erklären Sie sich deutlicher.«

»Ein einziges Wort wird Sie über die Wichtigkeit meines Schrittes aufklären.«

»Nun, so sprechen Sie dieses Wort.«

»Die Tochter des Grafen ist dem Tode nahe, Herr Vicomte.«

»Regina? Regina, sagen Sie?«

»Ja. Halten Sie mich für zudringlich, weil ich gekommen bin, um Ihnen dies mitzutheilen?«

»O nein; sprechen Sie, sprechen Sie!«

»Sie lieben sie noch, Sie haben Ihre Versprechungen nicht vergessen. Ich sehe dies an Ihrer Gemüthsbewegung, an Ihrem feuchten Auge.«

»Sie hat es Ihnen also gesagt?«

»Regina hat mir nichts gesagt. Sie hat ihr Geheimniß bewahrt, und eben an diesem Geheimnisse wird sie sterben.«

Savarus erzählte nun dem Vicomte Alles, was in seiner Abwesenheit geschehen war. Er schilderte ihm mit großer Wärme Regina's Zustand. Er machte ihm eine ergreifende Schilderung dieser jungen Dame, welche der Wucht eines Schmerzes erlag, dessen geheimnißvolle Ursache Niemand als er, Savarus, kannte. Er schilderte ihm auch die Verzweiflung ihres Vaters und wußte in seine Stimme, in seinen Blick, in seine Geberde so viel echtes Gefühl zu legen, daß er in der Seele des jungen Mannes die empfindlichsten Fasern erzittern machte, und in ihm das ganze Feuer einer neuen Leidenschaft anfachte.

»Sie allein,« sagte er zu ihm, »können ein großes Unglück wieder gut machen. Suchen Sie vor allen Dingen den Grafen Cardiano-Cardiani auf, und gestehen Sie ihm die Liebe, welche seine Tochter Ihnen eingeflößt. Er wird Sie als einen Retter, als den guten Engel seines häuslichen Herdes empfangen. Nicht bloß Ihr Herz ist es, an welches ich Berufung einlege, sondern auch die Pflicht gebietet Ihnen diesen Schritt. Sie würden dieses arme Kind nicht sterben lassen können, ohne es ewig und unter unauslöschlichen Gewissensbissen zu betrauern.«

Jules von Bervilly ward hingerissen. Er war vor allen andern Dingen der Mann des augenblicklichen Eindrucks. Gegen diesen war sein Gemüth wehrlos.

Auch der Stolz mischte sich hinein, jener Stolz, der sich in eigenthümlicher Weise durch den Gedanken geschmeichelt fühlte, einer liebenswürdigen jungen Dame, der so lange Zeit gegen die Huldigungen einer Menge von Anbetern unempfindlichen, verführerischen Italienerin, ein so tiefes Gefühl eingeflößt zu haben.

Er sagte daher Savarus nichts von den heiligen Verbindlichkeiten, die er in Bezug auf seine nahebevorstehende Vermälung mit Louisen auf sich genommen, sondern versprach ihm im Gegentheile, noch denselben Tag an den Grafen Cardiano-Cardiani zu schreiben, um ihn um eine Unterredung zu bitten.

Als er die Antwort von Regina's Vater erhielt, war der erste Rausch vorüber und die Ruhe wieder in sein Gemüth zurückgekehrt.

Er betrachtete mit kaltem Blute die schwierige Situation, in welche er nun gerathen, und seine Gedanken wendeten sich wieder seiner Familie und seiner holden Louise zu.

Dort im Innern der Bretagne lebte ein Herz, welches er vielleicht im Begriffe stand zu zerreißen, ein Leben, welches ebenfalls an das seinige geknüpft war, ein heiliges Versprechen, welches er einer vertrauenden Seele gegeben, und er fühlte sich versucht, wieder zurückzuweichen, Paris sofort zu verlassen und sich unter die großen Bäume von Kerouet zu flüchten.

Aber es war zu spät. Das Bild der sterbenden Regina trat immer deutlicher vor seine Seele, und Louise ward zum zweiten Male vergessen.

Viertes Capitel.

Geldangelegenheiten.

Regina war gerettet.

Sie hatte Jules von Bervilly wiedergesehen und ihr Vater billigte diese Liebe.

Ihre Seele schwamm in Trunkenheit. Sie überließ sich mit dem ganzen Feuer und der ganzen Begeisterung ihres Charakters dem Glück — diesem Glück, von welchem sie fast an der Schwelle des Grabes aufgesucht worden.

Anfangs wäre der plötzliche Umschlag ihrer Gefühle ihr beinahe verderblich gewesen.

Mit welcher Vorsicht und Schonung der Graf Cardiano-Cardiani auch zu Werke gegangen war, um ihr mitzutheilen, daß der Mann, den sie so bitterlich beweint, noch lebte, daß sie ihn wiedersehen sollte, da er nur einige Schritte von ihr entfernt war und nur auf einen Wink wartete, um ihr zu Füßen zu fallen, so hatte endlich doch das entscheidende Wort ausgesprochen werden müssen, und Regina verlor darüber fast den Verstand.

Dennoch aber war ihre Organisation im Grunde genommen eine kräftige und energische. Mit einer gewal-

tigen Anstrengung ihres eigenen Willens bemächtigte sie sich
selbst wieder der Vernunft, die nahe daran war ihr zu
entschlüpfen.

Die Krisis, welche sie bestanden, hatte sie umgestaltet
oder vielmehr ihrer eigentlichen Natur wiedergegeben, die
nur für heftige Leidenschaft, für unendliche Liebe oder un=
versöhnlichen Haß geschaffen war.

Von nun an in Bezug auf das einzige Wesen, welches
er liebte, beruhigt, hatte der Graf Cardiano=Cardiani sich
wieder den geheimnißvollen Beschäftigungen einer doppelten
Existenz zugewendet.

Treten wir in sein Arbeitscabinet, wo er seit einer
Stunde mit Filoche, einem der ehemaligen Mitglieder der
ehrenwerthen Zunft der Würger, eingeschlossen ist.

Schon mehr als einmal haben wir Filoche bei der
Arbeit gesehen.

Zuerst, als er dem Kaufmann der Cité das Manuscript
zustellte, welches er Jacques Herbin gestohlen, den er in
der Mansarde ermordete, wo der ehemalige Abbé in Ein=
samkeit und Elend seine Verbrechen büßte.

Dann haben wir ihn wieder in dem unterirdischen Ge=
wölbe der Rue de la Calandre gesehen, als er sich mit dem
Capitän der Würger über die Erbschaftsangelegenheit der
Familie Givré besprach.

Drittens sahen wir ihn in der Jacke und mit dem
Nummerschild eines Eckenstehers den leblosen Körper des
Vicomte in einem Schubkarren hinwegfahren.

Zuletzt sahen wir ihn an dem Tage, wo die Polizei in
den Schlupfwinkel einbrach, als Letzten auf der Bresche mit
Meister Martin, den eine Art Delirium ergriffen zu haben

schien, diesen mitten unter Donner und Blitz hinwegführen und seine wankenden Schritte stützen.

Filoche hat, indem er seinen Namen gegen den eines Herrn Durand vertauscht hat, auch das Costüm und die Manieren gewechselt. Gegenwärtig sind dieselben ernst und die eines ehrlichen Mannes.

Er trägt sehr saubere, beinahe elegante Kleidung, welche an einen Mann erinnert, der in der Regel mit Vertrauensmissionen, wie zum Beispiel ein Regisseur oder Intendant, beauftragt ist.

In der That ist auch seine Stellung bei dem Grafen die eines Intendanten, Regisseurs oder Verwalters.

Die Angelegenheiten jedoch, über welche die beiden Männer sich besprechen, scheinen nicht in die Kategorie derer zu gehören, welche sonst bei einem solchen Amte vorkommen.

Allerdings handelt es sich um Geldgeschäfte, diese sind aber von ganz besonderer Art.

»Wohlan, wir müssen systematisch zu Werke gehen,« sagte Regina's Vater. »Erstens haben wir die Großneffen des Herrn Desescameaux, Louis und Marie Vernot. Du sagst, sie hätten ihre Mutter wiedergefunden.«

»Nun ja, Jeanne, Jeanne, die Blödsinnige, welche die Polizei in Ihrem—ich wollte sagen in Meister Martins Laden festnehmen wollte.«

»Es war dies also die verführerische Nelly, welche der Procurator des Châtelet zu seiner Maitresse machen wollte. Die arme Nelly! Ihre Kinder haben sie also wieder bei sich aufgenommen?«

„Sie wohnen Alle zusammen in dem Hause des Meisters Loiseau, des Färbers."

„Gut. Jeanne oder Nelly wird uns dienen. Es ist dies eine Reserve, die in einem gegebenen Augenblicke ihre Verwendung finden kann. Louis Vernot wird vor ungefähr vierzehn Tagen in dem Hotel der Rue de l'Université gewesen sein. Ich hatte ihm ein zweites Stelldichein bestimmt, denn ich habe mit diesem jungen Manne große Projecte. Es handelt sich hier um einen herrlichen Wurf. Wir werden noch mehr darüber sprechen. Notire Dir, daß Du in die Rue de la Calandre zu gehen und ihn mir hieherzuschicken hast."

Filoche schrieb das, was ihm der Graf Cardiano-Cardiani auftrug, in ein kleines Notizbuch.

„Wir haben dann noch Pelagie und Herrn Desescameaux auf der einen, und dieselbe Pelagie unter dem Namen Olympia und den Chevalier von Roswil auf der andern Seite vor uns. Für den Augenblick haben wir uns nur mit der geheimnißvollen Olympia und ihrem tapfern Ritter zu beschäftigen. Derselbe hat, wie Du mir sagst, Paris verlassen."

„Einige Tage, nachdem er den Brief erhalten, in welchem Pelagie ihm meldete, daß sie darauf verzichten müsse, ihn wiederzusehen."

„Und hat Georg von Roswil lebhaftes Mißfallen darüber an den Tag gelegt?"

„Ah bah!" sagte Filoche, dem es an einer gewissen Philosophie nicht fehlte. „Was weiß man denn? Oft beweint man den Verlust einer Geliebten und man ist im Grunde genommen gar nicht traurig darüber, ihrer entledigt zu sein."

»Sie sind ein großer Moralist, Meister Filoche.«

»Uebrigens hat der Chevalier auch noch einen zweiten Kummer erfahren.«

»Und welcher zweite Kummer ist ihm denn begegnet?«

»Erst hat er seine Geliebte verloren und nun hat man ihm auch noch die Frau geraubt.«

»Was Du nicht Alles weißt!«

»Mein Himmel, ich bin einmal kein Freund des Müßiggangs. Ich muß immer Beschäftigung haben. Als ich Sie so traurig, so düster, so theilnahmlos gegen Alles sah, während Sie Fräulein Regina, die dem Tode entgegenzugehen schien, fast keinen Augenblick verließen, sagte ich bei mir selbst: Achtung! so kann es mit dem Capitän nicht lange fortgehen. Das liegt nicht in seiner Natur. Eines schönen Tages wird er erwachen und thätiger und unmüdlicher sein als jemals. Machen wir uns für dieses Erwachen bereit. Ich machte mich auf, fand einige unserer besten Spürhunde, sendete sie aus und Sie sehen, daß ich nicht Unrecht gehabt habe.«

»Erzähle mir den Fall mit der Frau des Chevalier.«

»Frau von Roswil ist, wie es scheint, eine ganze Frau, welche in der Ehe keinen Spaß versteht. Sie hatte ihrem Manne erklärt, daß sie bei der ersten nachgewiesenen Untreue, die er an ihr beginge, sich rächen würde. Der Diener, welchen wir dem Maler Dalkens verschafft, hat mir diese Einzelheiten mitgetheilt. Bei einem Junggesellenschmaus, wo er aufwartete, hatte sein Herr die ganze Geschichte erzählt. Frau von Roswil, der ein Kästchen, in welchem der Chevalier die Briefe der schönen Pelagie ver=

wahrte, in die Hände fiel, ließ sich noch denselben Tag durch einen vornehmen Polen entführen, der sie seit einiger Zeit mit seinen Aufmerksamkeiten verfolgte, und bei ihrer Abreise für ihren Gemal ein Billet zurück, in welchem blos die vier Worte standen: »**Die Strafe der Vergeltung!**«

»Nun, das ist wenigstens eine Frau, welche die Gegenseitigkeit in der Ehe versteht. Passe genau auf, wenn Georg von Roswil wiederkommt. Wir bedürfen seiner vielleicht. — Und Pelagie?«

»Bis wie weit gehen Ihre Notizen?«

Der Graf Cardiano-Cardiani nahm aus einem geheimen Schubfache seines Ministertisches ein Buch, welches mit stählernem Beschläge versehen war. Er öffnete es mittelst eines kleinen Schlüssels und blätterte eine Weile darin, ehe er fand, was er suchte.

Dann las er die folgenden Notizen, die unter verschiedenen Daten eingetragen waren:

»Pelagie hat ihre neue Wohnung in der Rue des Minimes unter dem Namen einer Frau von Lincy, Witwe eines im letzten amerikanischen Kriege gefallenen Offizieres, bezogen.

»Von seiner Wohnung aus sieht Herr Desescameaux die Fenster des Zimmers der Frau von Lincy.

»Mouillebouche hat, um Ursula wüthend zu machen, ihr mitgetheilt, ihre neue Mietherin sei eine schöne junge Frau, die mit einer gewissen Dosis Koketterie begabt zu sein scheine. Der alte Procurator bringt mehrere Stunden an seinen Fenstern zu, ohne seine Nachbarin zu gewahren. Zweimal hat Ursula ihn leise mit aufgeregter Miene mit Mouillebouche sprechend ertappt, dem er Geld anzubieten geschienen.

„Desescameaux hat, seinen knickerigen Gewohnheiten entgegen, dem Portier großmüthigerweise einen Thaler geboten, wenn er ein Mittel ausfindig macht, ihm eine Unterredung mit Pelagie zu verschaffen. Mouillebouche, der von Pelagie einen Louisd'or von vierundzwanzig Livres erhalten, weist diese Anträge mit vieler Würde zurück.

„Der alte Procurator hat das Eis gebrochen. Ursula hatte mit Erstaunen gesehen, daß er sich neue Kleider kaufte, seine Wäsche von ihr verlangte und den Friseur kommen ließ. Heute Morgens ist er neu gekleidet mit Spitzenmanschetten, Ringen an den Fingern und wohlgepudertem Haar festen Fußes zu seiner Nachbarin hinaufgegangen, nachdem er Ursula unter einem geschickt ersonnenen Vorwand entfernt. Er ist über eine Stunde bei Pelagie geblieben und hat zur Entschuldigung seines Besuches geschäftliche und freundschaftliche Beziehungen angeführt, in welchen er früher zu dem Herrn von Lincy gestanden haben will. Er hat sich mit Theilnahme nach der socialen Stellung der jungen Witwe erkundigt, ihr seinen guten Rath und seine nachbarlichen Dienste angeboten, es dabei nicht an Complimenten fehlen lassen und ist sogar so weit gegangen, ihr die Hände zu küssen. In diesem Augenblick ist Mouillebouche ganz außer Athem hinaufgekommen, um dem alten Procurator zu melden, Ursula sei eben wieder nach Hause gekommen, und als sie erfahren, wo er wäre, in die fürchterlichste Wuth gerathen. Herr Desescameaux hat sich sofort beeilt von seiner Nachbarin Abschied zu nehmen. Ursula hat ihn mit wildrollenden Augen und verstörten Zügen erwartet. Ein scandalöser Auftritt hat stattgefunden und Herr Desescameaux hat gewagt, seiner Haushälterin mit Fortschicken zu drohen, worauf diese in Ohnmacht gefallen ist.

»In dem Hauswesen des Herrn Desescameaux geht es drunter und drüber. Ursula packt, um auf alle Fälle gerüstet zu sein, ihre Sachen. Man vermuthet, daß sie in ihrer Wuth und Verzweiflung das Silberzeug mitnehmen wird.«

Hier hörten die Notizen auf.

»Nun?« sagte der Graf, indem er Filoche mit fragendem Blick ansah.

»Mouillebouche und Pelagie haben mich Tag für Tag von Allem unterrichtet, was seit jenem Auftritt vorgegangen ist. Pelagie ist übrigens sehr gelehrig. Ich glaubte, es könne nicht schaden, wenn ich sie von der Abreise des Chevalier von Roswil in Kenntniß setzte. Sie schien sich darüber zu freuen. Dieses Mädchen zittert fortwährend vor Angst, daß Sie ihrem Geliebten ihre traurige Lage mittheilen.«

»Aber was ist aus dem alten Procurator geworden? Auf welchem Punkte stehen wir mit unserem Complott gegen seine Freiheit als Witwer?«

»In Folge zweier oder dreier noch heftigerer Auftritte ist Ursula mitten in der Nacht fortgegangen und hat Alles, was sie gekonnt, mitgenommen. Den Abend vorher hatte der alte Procurator ihr erklärt, er habe sich so eben um die Hand der Frau von Lincy beworben und werde sich mit ihr vermälen.«

»Und Pelagie?«

»Sie fügt sich in Folge der Drohung, welche Sie gegen sie ausgesprochen, in Alles. Ich habe mir jedoch erlaubt, dieser Drohung ein Versprechen beizufügen.«

„Laßt dieses Versprechen hören, Meister Filoche."

„Ich sagte ihr, daß man sofort nach ihrer Vermälung mit Herrn Desescameau, ihren Beziehungen zu dem Chevalier kein Hinderniß mehr in den Weg legen würde; sie könne ihn dann wiedersehen und zwar ohne die früheren Vorsichtsmaßregeln zu gebrauchen und ohne ihren Namen zu verbergen, weil sie dann einen ehrenwerthen Namen und einen Rang in der Gesellschaft besitzen würde. Sie wies diesen Gedanken zwar mit Entrüstung zurück, aber ich kenne die Frauen. Die Aussicht, den Chevalier wiederzusehen, widerstrebte ihrer Fügsamkeit durchaus nicht."

„Nun, dann ist also diese Angelegenheit im besten Zuge. Ich werde selbst Pelagie in einigen Tagen sprechen, um ihr meine letzten Instructionen zu ertheilen. Die Sache ist wichtig, Meister Filoche; es ist eine der schönsten Unternehmungen, welche wir bis jetzt versucht haben. Das Vermögen des Procurators muß bedeutend sein, jedenfalls ist es aber immer noch nicht so groß als wie die Erbschaft der Familie Givré. Hier sind wir unglücklicherweise noch nicht so weit gediehen."

„Sie haben von dem Kind der Gräfin Hermine von Givré noch keine Spur gefunden?"

„Nicht die mindeste. Matharel hat mir Lambert zugeführt, der gegenwärtig im tiefsten Elende lebt und mit dem wir für eine Hand voll Thaler machen könnten, was wir wollten. Aber was sollen wir thun? Er weiß nichts. Er hat Laura seit einer langen Reihe von Jahren aus den Augen verloren. Diese ist, wie Matharel uns mitgetheilt, ebenso verschwunden wie die Tochter der Gräfin von Givré, nachdem sie unter dem Schutze eines Industrieritters ein von der Polizei geduldetes Spielhaus gehalten."

"In dem Manuscript von Jacques Herbin war auch von einem gewissen Doctor Peyrotte die Rede."

"Sie beauftragten mich, Nachforschungen nach diesem anzustellen, aber ich bin in dieser Beziehung nicht glücklicher gewesen als Sie. Glauben Sie mir, wir werden wieder auf unsere erste Idee zurückkommen müssen."

"Und was war das für eine erste Idee?"

"Eine Erbin zu erfinden, wenn wir nicht die wirkliche Enkelin des edlen Grafen entdecken."

"Das ist schwierig, aber man kann vielleicht einen Versuch machen."

"Und um uns nicht allzusehr zu verwickeln, könnte diese Erbin ja Pelagie selbst sein. Was das Alter betrifft, so entspricht sie den Voraussetzungen."

"Ich habe auch schon daran gedacht."

Meister Filoche betrachtete den römischen Grafen mit einem Gefühl von Bewunderung.

"Sie denken doch an Alles," sagte er.

"Aber es ist nicht genug damit, ihr den Namen Diana von Givré zu geben. Wir müssen auch ihre Identität in Ermangelung von Urkunden durch Zeugenaussagen darthun und bei einer wahren wie bei einer falschen Erbin ist uns die Gegenwart der Geliebten Lambert's und des Doctors Peyrotte unumgänglich nöthig."

"Warten Sie," sagte Filoche, "ich glaube diesen Peyrotte können wir ausfindig machen, oder wenigstens Auskunft über ihn erlangen — wenn er nämlich nicht gestorben ist."

»Wie so?«

»Sie kennen jenen Wundarzt an der Barrière Montparnasse, der ein sehr widerwärtiges Handwerk treibt.«

»Du meinst den Skelettfabrikanten, den, welcher den Vicomte Jules von Bervilly vom Tode erweckt hat?«

»Ganz richtig — er heißt Louis. Es ist dies ein alter durchtriebener Kauz, der immer mehr als ein Geschäft betreibt. Er hat sich mit Magnetismus, mit Mesmerismus, mit geheimen Wissenschaften befaßt, und es sollte mich sehr wundern, wenn er unsern Doctor nicht kennte.«

»Das ist aber eine sehr unhaltbare Vermuthung.«

»Was thut's? Ein Versuch kostet ja nichts. Morgen werde ich mich zu ihm begeben.«

»Sei aber vor allen Dingen klug. Seit einiger Zeit kann ich mich eines unbestimmten Gefühls von Unruhe nicht erwehren. — Hast Du diese Bemerkung nicht auch gemacht? Es ist mir immer, als wenn ein unsichtbares Wesen uns überwachte und belauerte. Es hat sich mitten in unsere Combinationen geworfen, um die Fäden derselben in Unordnung zu bringen und nach seinem Belieben darüber zu verfügen. Etwas Unbekanntes, worüber ich mir nicht klar werden kann, mischt sich in unser Thun.«

»Ich für meine Person habe nichts dergleichen bemerkt.«

»Wie willst Du aber diese Auferstehung des Vicomte erklären?«

»Parbleu! Er hat sie Ihnen ja selbst schon erklärt und wir werden noch besser wissen, woran wir uns zu halten haben, sobald ich mit Herrn Louis gesprochen haben werde.

Auf alle Fälle ist aber dieses Ereigniß nicht das, was Sie beunruhigen kann, da es Ihnen ja im Gegentheil die Ruhe wiedergegeben und Ihre Tochter gerettet hat."

"Das ist wahr," entgegnete der Graf Cardiano-Cardiani, der dann einige Augenblicke schwieg und seine unbestimmten Gedanken zu verfolgen schien. Er hatte Filoche nicht die wirklichen Ursachen seiner Unruhe gesagt, welche bis zu jener Nacht zurückführte, wo der Anführer der Würger in das unterirdische Gewölbe der Rue de la Calandre hinabstieg.

Wie oft hatte er seitdem die von einer geheimnißvollen Hand auf sein Lager niedergelegte Drohung gelesen! Wie oft hatte dieser so gewaltige, mit so großer Energie, einer eisernen Organisation und unversöhnlichen Seele begabte Mann angefangen zu zittern, wenn er an die seinem Gedächtniß unvertilgbar eingegrabenen unheimlichen Zeilen dachte:

"Ich könnte Dich umbringen, aber ich mag keine gemeine Rache nehmen. Du kennst sie jene furchtbare Rache — der Gedanke daran martert Dich schon — das Vaterherz ist es, in welches ich das Eisen stoße. Achtzehnmal in achtzehn Jahren bin ich Dir erschienen — dies ist das letzte Mal. Gerold! Gerold! der Tag der Vergeltung ist nahe!"

Warf diese Drohung nicht ein unheimliches Licht auf die Ereignisse, die ihr so dicht auf dem Fuße gefolgt waren?

Seine Tochter, seine geliebte Tochter, die einzige Sorge seines Herzens, die einzige Liebe, die er hegte, wäre ihm beinahe geraubt worden und wenn er sich jetzt gewisser Umstände, von welchen die Entdeckung der Liebe Regina's begleitet gewesen, und der Worte des Doctor Savarus erinnerte, als er ihm seine Befürchtung über den Zustand seiner Tochter mittheilte, erwachte ein Zweifel in seinem Gemüth.

Hatte in dem Augenblick, wo Regina einen Ruf der Verzweiflung ausstieß und besinnungslos niedersank, aus dem Auge des Doctors nicht ein Blitz wilder Freude gezuckt?

Seit jenem Abende war der Doctor Savarus nicht wieder zum Vorscheine gekommen.

„Sollte er es sein?" sagte der Graf Cardiano-Cardiani plötzlich laut, indem er aus dem Hinbrüten erwachte, in welches er versunken gewesen.

„Von wem wollen Sie sprechen?"

„Ah, Du bist noch da, Filoche? Ich glaubte, Du wärest fort. Laß mich; ich habe allein zu arbeiten."

Filoche erhob sich.

Der Graf begleitete ihn bis an das Gitterthor des Gartens, indem er ihm seine letzte Instruction nochmals ins Gedächtniß zurückrief.

Als er wieder in sein Cabinet trat, war er nicht im Stande, einen Ausruf der Ueberraschung, beinahe des Schreckens zu unterdrücken, als er den Doctor Savarus erblickte, welcher ganz ruhig in einem Lehnstuhl Platz genommen hatte.

Fünftes Capitel.

Herzensangelegenheiten.

Bei dem Anblick des Doctors war der Graf Cardiano-Cardiani sofort im Stillen überzeugt, daß der Doctor den unbestimmten Verdacht kenne, der seit wenigen Augenblicken in seiner, des Grafen, Brust, erwacht war.

Schon mehr als einmal hatte Savarus ihm Beweise von seltenem Scharfblicke gegeben, und aus diesem Grunde fühlte er sich stets befangen in Gegenwart dieses Mannes, welcher gleichwohl auf ihn eine Anziehungskraft ausübte, welcher er nicht widerstehen konnte.

Ein der Physik entlehnter Vergleich wird uns gestatten, die Situation dieser beiden Persönlichkeiten klar zu machen.

Die Physiker kennen zwei Gattungen Elektricität — die negative und die positive. Zwei Körper, von welchen ein Jeder mit einer dieser Elektricitäten gesättigt ist und die man unter gewissen Bedingungen des Raumes einander nähert, ziehen einander an. Sofort aber stoßen sie in Folge einer jener Erscheinungen, welche die Wissenschaft noch nicht zu erklären vermocht hat, einander mit derselben Energie ab, um sich von Neuem anzuziehen und wieder abzustoßen, und auf diese Weise jener abwechselnd anziehenden und abstoßenden Kraft zu gehorchen, bis das Fluidum, welches sie enthalten, allmälig in den großen Behälter der Natur zurückgeströmt ist.

Savarus hielt einige Secunden lang seinen sanften Blick auf Regina's Vater geheftet, welcher, ohne es zu wollen, die Augen niederschlug.

»Setzen Sie sich,« sagte er zu ihm. »Ich habe mit Ihnen von dem Gegenstande zu sprechen, mit welchem Sie Ihre Gedanken am liebsten beschäftigen.«

»Von Regina?« rief der Graf.

»Ja, von unserer theuren Regina,« entgegnete Savarus mit ganz besonderer Betonung.

Der Graf Cardiano-Cardiani nahm einen Stuhl und setzte sich dem Doctor gegenüber, der nach einigem Schweigen wieder anhob:

»Gestehen Sie mir offen, daß meine lange Abwesenheit Ihnen seltsam erschienen ist, daß Sie sich über mein Verschwinden in dem Augenblicke gewundert haben, wo Sie bei dem Schmerz und der Krankheit Ihres Kindes des Trostes am meisten bedürftig waren.«

»Das ist wahr,« antwortete der Graf. »Ihnen kann man nichts verbergen.«

»Diese meine unerklärliche Abwesenheit hat in Ihrem Gemüthe sogar unbestimmten Argwohn und ein unklares Gefühl von Furcht erweckt. Der Mensch ist einmal so,« beeilte sich Savarus hinzuzufügen, als er Regina's Vater zusammenzucken sah wie einen Verwundeten, auf dessen Wunde der Chirurg die Finger legt, um die Tiefe derselben zu sondiren. »Der Mensch ist einmal so, daß er niemals verfehlt, seinen wirklichen Uebeln oft die noch schmerzlicheren Befürchtungen und Chimären seiner Einbildungskraft beizugesellen. Wissen Sie, welcher Arbeit ich mich während dieser Abwesenheit unterzogen habe? Ich habe mich mit Regina's Glück beschäftigt."

"Sie haben sich mit Regina's Glück beschäftigt? — Sie? O, sprechen Sie dann, sprechen Sie!" sagte der Vater mit lebhafter Gemüthsbewegung.

"Der Vicomte Jules von Bervilly ist bei Ihnen gewesen, nicht wahr?"

"Ja, vor drei Tagen."

"Sie haben ihn wie einen Retter empfangen und ihm zu verstehen gegeben, daß Sie ihn nicht abweisen würden, wenn er sich bei Ihnen um die Hand Ihrer Tochter bewürbe."

"Allerdings, denn Regina's Leben hängt von dieser Verbindung ab."

"Und Regina ist heute glücklich. Das Vertrauen auf die Zukunft ist auf düstere Verzweiflung gefolgt. Ihre schönen Augen haben nicht mehr jenen hohlen Ausdruck, ihre Wangen nicht mehr jene Blässe, welche Ihnen so große Befürchtungen einflößte. Wohlan, alles dies kann wiederkehren. Das Unglück, welches Sie so fern glauben, weilt noch vor Ihrer Thür. Morgen vielleicht wird es Sie wieder heimsuchen und zwar diesmal, um seine Beute nicht wieder fahren zu lassen."

"Was wollen Sie damit sagen?" rief der Graf Cardiano-Cardiani zitternd. "Von welchem Unglück sprechen Sie und von welcher Seite kann es kommen?"

"Haben Sie in den Manieren, in der Stimme, in dem

Blick des Grafen nicht eine gewisse Verlegenheit, eine Art Befangenheit bemerkt?«

»Ja, allerdings.«

»Hat er bei Regina jene Hingebung, jene Herzenser= gießung gezeigt, welche durch eine so ausnahmsweise Si= tuation wie die Ihrige und die Ihrer Tochter gerechtfertigt würde? Doch warum soll ich Ihre Ungewißheit verlängern? Jules von Bervilly liebt eine Andere.«

»Wissen Sie das gewiß?« sagte der Vater im Tone der Verzweiflung.

»Hören Sie mich und urtheilen Sie dann. Als der Vicomte von Bervilly verschwand, erkundigte ich, der ich die Liebe, welche er Regina schon seit langer Zeit einge= flößt und die er übrigens damals selbst auf das Lebhafteste fühlte —«

»Sie kannten diese Liebe schon?«

Savarus fuhr, ohne von dieser Unterbrechung Notiz zu nehmen, fort:

»Ich erkundigte mich, sage ich, nach der Familie, den Verhältnissen und der Vergangenheit dieses jungen Man= nes. Ich erfuhr, daß er einer vortrefflichen Familie in der Bretagne angehörte, daß er ein bedeutendes Vermögen be= säße, aber daß er nicht vollständig frei sei. Seine Mutter hatte bereits Heirathspläne entworfen und man bestimmte für ihn die Hand einer Cousine, Louise von Prie, mit wel= cher er erzogen worden.«

»Aber nichts beweist, daß er diese Cousine liebt!«

»Warten Sie. Dies geschah, bevor Jules von Ber= villy das Schloß Kerouet verließ. Die Anhänglichkeit, welche er für Louise von Prie empfand, hatte ihren Grund mehr in den sanften brüderlichen Gewohnheiten der Kindheit als in wirklicher Liebe. Mit Louisen aber war es anders. Diese ist eine jener zärtlichen Seelen, die im ganzen Leben nur eine einzige Neigung haben, und diese Neigung ist die erste, welche sie empfinden. Die kindliche Freundschaft, welche sie für ihren Cousin hegte, ging allmälig in ein lebhafteres, tieferes Gefühl über, und dieses Gefühl wirkte auch auf Jules von Bervilly zurück, welcher diesem sanften Einfluß bald nachgab. Er liebte Louise von Prie aufrichtig, oder glaubte sie aufrichtig zu lieben, als er in der Welt Ihrer Tochter Regina begegnete. Von diesem Augenblicke an ist sein Herz getheilt und hat nicht aufgehört zwischen dieser zweifachen Liebe zu schwanken. Dennoch aber ist ein Augenblick gekommen, wo alles Zögern anscheinend verschwunden ist, wo er seinen Entschluß gefaßt und seine Wahl getroffen hat.«

»Ha!« rief der Graf Cardiano-Cardiani.

»Frau von Prie und ihre Tochter waren, von einer unbestimmten Unruhe, welche die Erfahrung nur allzusehr gerechtfertigt hat, getrieben, nach Paris gekommen. Hier erfuhren sie das seltsame Verschwinden des jungen Vicomte. Alle ihre Nachforschungen waren fruchtlos und Louise überließ sich, ebenso wie Ihre Tochter, ihrem grenzenlosen Schmerz, als sie einen geheimnißvollen Brief erhielten, welcher ihre Augen von milder Hoffnung erstrahlen ließ.«

»Einen Brief — von wem?

»Von Jules von Bervilly, der sie über sein Schicksal beruhigte und sie bat, ohne weitere Schritte zu thun und ohne Unruhe den Augenblick zu erwarten, wo es ihm erlaubt sein würde, in der Welt ohne Gefahr wieder zu erscheinen."

"Welche Gefahr drohte denn diesem jungen Manne?" fragte Regina's Vater, indem er den Doctor Savarus aufmerksam ansah.

"Ohne Zweifel die Gefahr, zum zweiten Mal in die Hände Derer zu fallen, die ihn hatten umbringen wollen."

"Aber," unterbrach der Graf Cardiano-Cardiani, "eine solche Gefahr war nicht vorhanden, wenn, wie man gesagt hat und wie Sie uns selbst mitgetheilt, Jules von Bervilly in der Nacht auf dem Platze Notre Dame durch jene unbekannten Uebelthäter überfallen worden war, deren Schlupfwinkel die Polizei kürzlich entdeckt hat und die ohne Zweifel keine andere Absicht hatten, als ihr Opfer zu berauben."

"Ich suche nicht die Ereignisse zu erklären, ich erzähle dieselben blos. Durch jenen Brief beruhigt, erwartete Frau von Prie und ihre Tochter mit festem Vertrauen auf die Vorsehung die Rückkehr des jungen Vicomte."

"War der Brief, von welchem Sie sprechen, ihnen vor oder nach jener Abendgesellschaft zugegangen?"

"Am Abende vorher."

"Und als Sie die verhängnißvolle Nachricht mittheilten, als Regina, von diesem unerwarteten Schlage getroffen, niedersank, sagten diese Damen nichts und riefen sie nicht sofort, daß ihr Verwandter den Mördern entronnen sei? — Das ist seltsam."

"Es erklärt sich aber auf sehr natürliche Weise. Jules von Bervilly hatte ihnen als eine der wesentlichsten Bedin=

gungen seiner Rettung Verschwiegenheit empfohlen und übrigens hatte Frau von Prie die Liebe Regina's zu ihrem Neffen errathen. Sie beeilte sich daher Louisen hinwegzuführen, die durch eine solche Entdeckung in Verzweiflung gesetzt worden wäre."

"Welche Verwickelungen, welche Geheimnisse in all' diesem," murmelte der Graf; "ja, man sollte meinen, eine unsichtbare Hand schürze und löse nach ihrem Belieben alle diese Combinationen. Der Zufall allein kann sie nicht hervorgerufen haben. Aber was für eine Hand ist es?"

"Vielleicht die meinige," sagte lächelnd Savarus, der keines dieser Worte überhört, obschon der Graf sie ganz leise gesprochen und kaum die Lippen bewegt hatte.

"Die Ihrige? Sie sind es? Ha! ich ahnte es wohl, Sie sind es, der seit so langer Zeit im Schatten —"

"Ich bin es, der ich das Glück Regina's verfolge und dies will ich Ihnen mit zwei Worten beweisen. Jules von Bervilly ist einer jener schwachen, zweifelhaften und unschlüssigen Charaktere, welche, von den Verlegenheiten und Hindernissen, die sie selbst hervorgerufen haben, umgeben, keinen festen und bestimmten Entschluß zu fassen wissen. Er würde zwischen den Verbindlichkeiten, die ihn an seine Cousine fesselten, und seiner neuerwachten Liebe zu Regina lange Zeit hin- und hergeschwankt sein und das Uebel fortwährend verschlimmert haben bis zu dem Tage, wo er eine jener kleinen Infamien begangen hätte, welche die Welt so leicht verzeiht, wenn sie überhaupt davon Notiz nimmt. Er hätte endlich dem Drängen seiner Familie, der Bitte seiner Mutter nachgegeben. Er hätte Paris gemieden, um Louise von Prie zu heiraten und Ihre Tochter hätte sich zu Tode gehärmt. Entsinnen Sie sich, was ich Ihnen am Abend jener Katastrophe im Garten Ihres Hotels sagte. Ich ging mit dem Gedanken um, einen großen Streich zu führen, auf sein Gemüth einen jener lebhaften und tiefen Eindrücke zu machen, ihm eine jener Erschütterungen zu bereiten, welche über ein Leben entscheiden. Jules begab sich, als er sein Asyl verließ, zu Frau von Prie, welche Paris noch nicht verlassen hatte. Seine Liebe zu Louisen erwachte wieder. Ihre Tochter war nicht mehr da und ich habe es Ihnen schon gesagt, er ist ein Mensch, welcher stets dem Eindruck des Augenblicks gehorcht. Regina's Gram brachte sie dem Grabe immer näher — Sie waren überzeugt, daß Jules von Bervilly unter den Händen der Würger gefallen sei — es war daher kein Augenblick zu verlieren. Ich suchte ihn auf, ich schilderte ihm den Zustand Ihrer Tochter, ich entwarf ihm ein ergreifendes Gemälde ihrer Leiden, ihrer Verzweiflung. »Gehen Sie,« sagte ich zu ihm, »gehen Sie zu dem Grafen Cardiano-Cardiani und gestehen Sie ihm offen Ihre Bitte. Ich wende mich nicht an Ihr Herz, nur Ihnen allein kommt es zu, die freien Triebe desselben zu befragen und denselben zu folgen. Ich appellire vielmehr an Ihre Ehre. Diese wird Ihnen sagen, daß Sie ein unschuldiges Kind, dessen bis jetzt so ruhige Existenz Sie durch eine Liebe, welche es für aufrichtig hielt, nicht in Trostlosigkeit und Verzweiflung sterben lassen dürfen. Ihre Ehre wird Ihnen sagen, daß Sie eine gebieterische Pflicht zu erfüllen haben, daß nichts Sie dieser Pflicht entbinden kann, deren Vergessen die Reue und die Trauer Ihres künftigen Lebens wäre.« — Jules von Bervilly eilte sogleich zu Ihnen, er sah Regina wieder,

Ihre Tochter war getröstet. Dies ist es, was ich gethan habe."

"Verzeihen Sie mir," rief der Graf Cardiano-Cardiani, indem er den Doctor Savarus in seine Arme schloß. "Verzeihen Sie mir, ich hatte Sie verkannt, ich hegte Mißtrauen gegen Sie; ich weiß nicht, welche seltsame Furcht, welcher unerklärliche Wahnsinn sich meines Gemüths bemächtigt hatte. Jenes Unglück aber, von welchem Sie soeben sprachen, das Unglück, welches noch an ihrer Thür lauert, welches entfernt und beschworen werden muß, worin besteht es?"

"In den wenigen Tagen, welche Jules von Bervilly bei Frau von Prie und seiner Cousine zugebracht, hat er sich in aller Form verbindlich gemacht, sich noch vor Ablauf dieses Jahres mit Louisen zu vermälen. Indem Augenblick, wo ich ihn von Regina's Krankheit in Kenntniß setzte, schickte er sich an nach dem Schloß Kerouet abzureisen. Es ist daher kein Augenblick zu verlieren, um einen entschiedenen Bruch, den ich schon längst vorbereitet, herbeizuführen. Jules befindet sich jetzt in der Gewalt einer jener lebhaften und tiefen Empfindungen, die sich nicht leicht erneuern. Man muß dieselbe benutzen, um ihn einen Schritt thun zu lassen, nach welchem es unmöglich sein wird, umzukehren, und welcher das sichere Unterpfand seiner Vermälung mit Ihrer Tochter sein wird."

"Und worin wird dieser Schritt, der über sein Schicksal entscheidet, bestehen?"

"In Folgendem: Verschaffen Sie ihm eine Unterredung mit Regina, welche Sie vorher von allen Umständen, die ich Ihnen soeben auseinandergesetzt, unterrichten werden.«

»Sie wollen, daß ich Regina von allen diesen Dingen unterrichte?«

»Ja, von allen.«

»Ich soll ihr sagen, daß sie eine Nebenbuhlerin hat, daß Herr von Bervilly seiner Cousine die Heirat versprochen, daß er in dem Augenblick, wo Sie ihn wieder zu uns zurückgeführt, auf dem Punkte stand, abzureisen, um jenes Versprechen zu erfüllen?«

»Ja wohl, alles dies müssen Sie ihr sagen.«

»Aber dann erfülle ich ja ihr Herz zum zweiten Male mit Verzweiflung, dann schlage ich ihr ja eine noch grausamere Wunde als die, welche sie bereits empfangen und die sie an die Pforten des Grabes gebracht hat.«

»Ihre Befürchtungen sind übertrieben. Ich kenne Regina's Herz besser, als Sie es kennen. Sie wird den Kummer oder vielmehr den Groll, den sie empfinden wird, bald überwinden und Sie werden in ihr den Beistand finden, dessen wir bedürfen, um dieses Unternehmen glücklich durchzuführen. Regina wird also Herrn von Bervilly sehen und von ihm verlangen, daß er mit Louisen von Prie offen, bestimmt und unwiderruflich breche.«

»Sie glauben, daß sie einwilligen werde?«

»Ich bin dessen gewiß.«

»Und wie soll Herr von Bervilly mit seiner Cousine brechen?«

»Indem er seiner Mutter, der Schwester der Frau von Prie, einen Brief schreibt, in welchem er seine Liebe zu Regina gesteht und ihre Einwilligung zu diesem Bündniß verlangt. Um größerer Sicherheit willen werden wir diesen Brief selbst nach Kerouet befördern."

Sechstes Capitel.

In der Cité.

Die Cité und die Rue de la Calandre ganz besonders waren noch erfüllt von den Ereignissen, welche in jener denkwürdigen Nacht geschehen, wo die aus dem Schlafe aufgeschreckten friedlichen Bewohner der Belagerung und Einnahme des Ladens des Meister Martin beigewohnt hatten.

In dem Hause des Färbers Meister Loiseau vorzüglich nahmen die Besprechungen hierüber kein Ende.

Die noch so neue Geschichte der Würger hatte hier schon ihre Sage.

Der Färber weigerte sich hartnäckig zu glauben, daß die Polizei Niemanden weiter als die alte Jeanne bei dem Trödler gefunden und daß die ganze Bande der Uebelthäter entronnen sei. In seinen Augen war die Polizei eine furchtbare, geheimnißvolle Macht, deren überall gegenwärtige Hand nicht von denen vermieden werden konnte, nach welchen sie sich ausstreckte.

"Sehet," sagte er zu jenen seiner Kunden, die sich seines Vertrauens erfreuten und auf deren Discretion er rechnete, denn er war in seinem Urtheile über die Angelegenheiten seiner Zeit sehr kühn, aber auch im Aussprechen derselben sehr vorsichtig; „sehet, mir will es durchaus nicht in den Kopf, daß Herr von Crosne sich auf diese Weise von diesen Banditen habe zum Narren halten lassen. Die öffentlichen Blätter mögen sagen, was sie wollen. Die Wahrheit über diese Angelegenheit ist Folgendes: Die Bande der Würger bestand nicht aus gewöhnlichen Bösewichtern, aus gemeinen Strolchen und Dieben, dem Abschaum der Gesellschaft, wie die eines Cartouche oder Mandrin, sondern vielmehr aus Individuen, welche den vornehmen Familien des Königreiches angehörten, aus Leuten von Stande. Ja, mein Herr, unter den Befehlen des Meister Martin, des Trödlers, welcher selbst ein als Handelsmann maskirter sehr vornehmer Herr war, standen Marquis, Herzöge, Grafen und Cavaliere. Ihr dürft Euch darüber nicht wundern. Erzählt uns die Geschichte nicht, daß im Mittelalter die Edelleute in den Wäldern, auf den Gebirgen, in unzugänglichen Schluchten uneinnehmbare Schlösser bewohnten, welche sie blos verließen, um auf den Heerstraßen den Reisenden, den Gewerbetreibenden und Kaufleuten aufzulauern, sie auszuplündern und durchzuprügeln? Es sind dies die furchtbaren Folgen einer aristokratischen Regierung."

„Aber was ist aus allen diesen Grafen und andern vornehmen Herren geworden?" wendete der Kunde des Meister Loiseau sehr schüchtern ein.

„Was aus ihnen geworden ist? Die Polizei hat sie bis auf den letzten Mann verschwinden lassen, um denen, welche gegen den Adel sprechen, nicht einen neuen Beweis in die Hände zu liefern."

„Ist es möglich!"

„Ihr kennt die Polizei nicht. Sie hat ihre eigenthümlichen Hilfsmittel und Gebräuche, welche der gemeine Mann nicht ahnt und vor welchen Euch die Haut schaudern würde, wenn man Euch nur hinter einen Zipfel des Vorhangs schauen lassen wollte, der sie verdeckt. — Wollt Ihr wissen, was in der Angelegenheit der Würger geschehen ist?" setzte Meister Loiseau hinzu, indem er die Stimme senkte wie ein Mensch, der im Begriff steht, ein furchtbares Geheimniß mitzutheilen. „Als der Generallieutenant durch die Meldung seiner zahlreichen Späher erfuhr, daß beinahe alle Familien einige ihrer Mitglieder in diesem verbrecherischen Bunde hatten, ertheilte er demgemäß Befehl an seine Leute. Diese benutzten zur Ausführung ihrer Expedition eine stürmische Gewitternacht. Während eine Abtheilung den Laden des Trödlers in der Rue de la Galandre umzingelte, besetzte eine andere Abtheilung einen geheimen unterirdischen Ausgang, der auf das Ufer des Flusses hinausführte und mittelst dessen die Banditen jedenfalls entrinnen zu können hofften, wenn jemals ihr Schlupfwinkel entdeckt würde. Als sie die Aufforderung des Polizeicommissärs und das Waffengeklirr an der Straßenthür hörten, flohen alle sofort nach dem verborgenen Ausgang. Hier aber wurden sie, so wie sie einer nach dem andern aus dem engen Kellerloch herauskrochen, von den hier postirten Bewaffneten gepackt, erdolcht und in das Wasser geworfen. Das furchtbare Gewitter und der in Strömen herabstürzende Regen begünstigten diese gräßliche Hinrichtung. Die Seine hat die Leichen hinweggetragen und um die Spuren noch vollständiger zu beseitigen, sind die Netze von Saint-Cloud schon seit einer ganzen

Woche, angeblich um sie zu repariren, aus dem Wasser genommen worden, damit die Leichen jener Elenden nicht etwa darin hängen blieben und irgend eine die betreffenden Familien compromittirende Thatsache ans Licht brächten."

Auf diese Weise erzählte Meister Loiseau die Sache.

Was die alte Jeanne oder vielmehr die arme Nelly Vernoi, die Mutter seiner beiden Abmiether im fünften Stock, Louis und Mariens, betraf, so hatte er auch schon in Bezug hierauf seine Geschichte fertig, der Leser wird uns aber erlauben, dieselbe mit Stillschweigen zu übergehen, besonders da sie ohnehin nicht die pikante und doch düstere und unheimliche Färbung der so eben mitgetheilten besaß.

Seitdem Louis und Marie ihre Mutter wiedergefunden, widmeten sie derselben die zärtlichste Sorgfalt und bemühten sich, durch Beweise ihrer Liebe und Zuneigung in dieses so tief verwundete Herz ein wenig Balsam zu träufeln.

Die unglückliche Nelly blieb aber gegen alle diese Kundgebungen kindlicher Liebe vollkommen gleichgiltig. So wie sie in dem Laden des Trödlers war — düster, scheu, von fortwährender Angst und Furcht gepeinigt, so zeigte sie sich auch gegen ihre Kinder, die sie übrigens nicht wieder erkannte.

Die Vergangenheit war vollständig aus dem Gedächtniß der armen Frau entschwunden. Nur die gegenwärtigen, unmittelbaren Gegenstände machten Eindruck auf ihr Gemüth. Sie lebte von Tag zu Tag, fügte sich wie weiches Wachs ohne Willen den Eindrücken, in deren Mitte sie sich befand, und nahm die Gewohnheiten und die Sprache Derer an, welche sie umgaben.

Das physische Automatenleben behauptete sich bei ihr mit einer gewissen Energie, das geistige Leben aber war vollkommen erloschen.

In der bescheidenen Stellung Louis' und Mariens Vernot hat sich nichts verändert.

Die Schwester fährt fort sich mit Eifer ihren Spitzen=arbeiten zu widmen und oft sitzt sie einen Theil der Nacht hindurch, um den Anforderungen des Fabrikanten, der sie beschäftigt, zu entsprechen.

Ein großer Ehrgeiz hat sich, seitdem sie ihre Mutter wiedergefunden, ihrer bemächtigt. Sie möchte ihr ein wenig von jener Behaglichkeit verschaffen, deren die arme Frau während des elenden umherirrenden Lebens, welches sie seit dem Tage geführt, wo sie in einer Anwandlung wahn=sinniger Furcht aus der Nähe ihrer Kinder verschwand, beraubt gewesen ist.

Dieses Leben ist übrigens noch in Geheimniß gehüllt, denn sie hat keine Erklärung über die Umstände geben können, welche sie in den Laden des angeblichen Trödlers geführt hatten.

Louis Vernot ist immer noch bei der Generalcasse der Proviantverwaltung angestellt. Seine gute Aufführung und seine Tüchtigkeit haben ihm bereits die Aufmerksamkeit seiner Vorgesetzten zugewendet. Er hofft bald einen höhern Posten zu erlangen, als welchen er jetzt bekleidet und der auch in der That für seine Fähigkeiten ein viel zu unter=geordneter ist.

In den Bureaus des Staatsdienstes aber geht es mit der Beförderung langsam. Die Bewerber sind zahlreich, die

Gunst ist hier oft mächtiger als das Verdienst und Mariens Bruder hat keinen Gönner.

Einen Augenblick lang hatte er an ein unverhofftes Lächeln des Glückes geglaubt.

Man erinnert sich, daß eines Tages Meister Martin in die Mansarde hinaufgekommen war, um Louis den Schutz eines reichen, vornehmen Herrn anzubieten, welcher es sich zum Vergnügen mache, die Intelligenz, die Rechtschaffenheit und den Muth aus dem Dunkel an's Licht zu ziehen, welcher eine Art Wohlthätigkeitspolizei organisirt hätte, und zur Aufsuchung und Belohnung der bescheidenen Tugenden dieselben Mittel anwendete, deren sich die andere Polizei bedient, um das Laster zu entdecken und zur Strafe zu ziehen.

Louis Vernot hatte sich dem zu Folge in das Hotel des Grafen Cardiano-Cardiani begeben und dieser ihn sofort empfangen.

„Sie sind der junge Beamte, von welchem mir Meister Martin erzählt hat?" sagte der Graf zu ihm. „Sehr schön. Ich habe über Ihre Familie Erkundigungen einziehen lassen. Ihre Mutter war die Nichte und Mündel eines Herrn Desescameaux, Procurators am Parlamente von Rennes und gegenwärtig in Paris wohnhaft. Dieser unnatürliche Verwandte, der sich nicht begnügt, seine Nichte unglücklich gemacht, sie ihrer Ehre zu berauben versucht und sich ihres Vermögens bemächtigt zu haben, verfolgt auch noch in ihren Kindern den Haß, den er der Mutter geschworen. Von ihm haben Sie keine Hilfe, keine Unterstützung zu erwarten, denn er hat Sie als Kinder in Gemeinschaft

mit Ihrer Mutter erbarmungslos eine Beute aller Schreck=
nisse des Mangels und des Elends werden lassen."

"Ich weiß es wohl," antwortete Louis Vernot. "Auch
haben wir, meine Schwester und ich, uns darein ergeben,
unsere Existenz nur unserer eigenen Arbeit zu verdanken zu
haben."

"Ueberdies," fuhr der Graf Cardiano=Cardiani fort,
"weiß ich auch, daß Sie nicht bloß ein wackerer und recht=
schaffener junger Mann sind, sondern auch Intelligenz und
Bildung besitzen, daß die untergeordnete Stellung, welche
Sie bekleiden, Ihrem Verdienste durchaus nicht angemessen
ist, und daß Sie, anstatt den Posten eines Subalternen, recht
wohl den eines Oberbeamten ausfüllen würden."

Der junge Mann verneigte sich und erröthete ein wenig über diesen Lobspruch, dessen er sich jedoch im Grunde
genommen nicht unwürdig fühlte.

"Wohlan," hob der Graf wieder an, "ich will Ihnen
gegenüber das vom Schicksale begangene Unrecht wieder gut
machen. Ich will Ihnen wieder zu Ihrem Range verhel-
fen und Sie mit allen Mitteln versehen, deren Sie bedürfen, um eines Tages in der Welt zu glänzen, in welcher die
Geburt Ihrer Mutter, wenn dieselbe nicht vom Unglück
heimgesucht worden wäre, Ihnen eine ehrenvolle Rolle zu=
getheilt haben würde."

Nelly's Sohn ward tief gerührt von dieser Sprache,
von diesen großmüthigen Anerbietungen, und stammelte
einige Worte der Dankbarkeit, durch welche jedoch das Erstaunen hindurchleuchtete, einen so vornehmen Herrn ihm,
dem obscuren Unterbeamten, so viel Wohlwollen beweisen
zu sehen.

"Ich begreife Ihr Erstaunen," hob der Graf wieder an, "aber fragen Sie mich nicht. Vielleicht habe ich Ihre Familie, Ihre Mutter gekannt — vielleicht habe ich geheime und persönliche Beweggründe, so zu handeln, wie ich handle — oder aber Sie verdanken nur dem Zufalle oder vielmehr der Vorsehung das Gute, welches ich Ihnen erzeigen will. Es genüge Ihnen zu wissen, daß ich mich lebhaft für Sie interessire, und daß Sie binnen hier und sehr kurzer Zeit wieder, und zwar etwas für Sie Erfreuliches von mir hören werden. Ich bin reich und angesehen, ich besitze Freunde, die nicht weniger reich und angesehen sind als ich. Ein einziges Wort, welches ich zu Ihren Gunsten spreche, wird Ihnen das Wohlwollen Aller erwerben. Ich gedenke Sie an die Spitze eines großen finanziellen Unternehmens zu stellen, zu welchem ich gegenwärtig den Plan entwerfe, und den ich Ihnen in einer künftigen Unterredung näher auseinandersetzen werde. Die zu diesem Unternehmen erforderlichen Capitalien liegen bereit. Ich werde selbst einen Theil derselben liefern, die übrigen kommen von meinen Freunden."

Mariens Bruder dankte dem Grafen Cardiano-Cardiani in den wärmsten Ausdrücken. Der Graf wollte ihm in einigen Tagen schreiben, um ihn zu einer Unterredung einzuladen, in welcher die Grundlagen des beabsichtigten Unternehmens entwickelt werden sollten, und Louis Vernot kehrte in seine Wohnung mit einem Herzen zurück, welches vor Freude überwallte, besonders wenn er an seine Schwester und an all' das Glück dachte, welches er ihr bereiten könnte, wenn der Traum, den man ihm gezeigt, jemals in Erfüllung ginge.

Aber konnte die glänzende Aussicht, welche dieser großmüthige Gönner ihm eröffnet, nicht recht wohl weiter nichts als eine Täuschung sein?

Welches Interesse konnte der Graf Cardiano-Cardiani jedoch daran haben, ihn zu belügen und mit seiner Leichtgläubigkeit zu spielen?

Nein, es war keine Täuschung, es war kein Traum, sondern einer jener unerwarteten Glücksfälle, wie sie zuweilen in der Lotterie des Lebens vorkommen.

Marie zeigte sich weniger erfreut als ihr Bruder.

Wir haben schon gesagt, daß trotz ihrer Lebhaftigkeit, trotz der anmuthigen Heiterkeit, die in ihren frischen seelenvollen Zügen herrschte, und trotz des Vertrauens, welches in ihrem lächelnden Munde und in ihrem offenen Auge athmete, doch in ihrem innersten Herzen ein Instinct der Zurückhaltung und unbestimmten Mißtrauens lebte, der sie, ohne daß sie es selbst wußte, gegen alle Ueberraschungen auf der Hut sein ließ.

Als Louis ihr die Unterredung erzählte, welche er soeben mit dem Grafen gehabt, schüttelte sie, ohne daß sie etwas Bestimmtes zu entgegnen gewußt hätte, den Kopf und konnte ihre Ungläubigkeit nicht verhehlen.

"Es ist dies," sagte sie, "Alles zu schön, als daß ich daran glauben könnte."

"In einigen Tagen aber wird er mir schreiben, um mich zu einer abermaligen Unterredung mit ihm einzuladen. Dann wird er mir seine Projecte näher auseinandersetzen."

"Nun, dann werden wir sehen. Mittlerweile zweifle ich; ich kann mir einmal nicht helfen."

Louis Vernot wiederholte seiner Schwester, was er zu sich selbst gesagt, als er den Grafen verließ:

"Welche Gründe sollte ein so vornehmer Herr haben, einen armen Teufel wie ich zum Besten zu halten? Welches Interesse könnte ihn veranlassen, eine solche Schlechtigkeit zu begehen? Denn eine wirklich strafbare Schlechtigkeit wäre es, auf diese Weise den Wohlthäter zu spielen."

"Das weiß ich nun weiter nicht," entgegnete das junge Mädchen, "ich traue aber der Sache nicht."

"Er sprach von unserer armen Mutter, von Herrn Desescameaux, dessen unwürdige Handlungsweise er mit scharfen Worten tadelte. Er ist über unsere Familie ziemlich genau unterrichtet und gab mir beinahe zu verstehen, daß er früher zu derselben in Beziehungen gestanden."

"Uebrigens," hob Marie, welche ihre eigenen Gedanken verfolgt, ohne auf die Worte ihres Bruders zu hören, wieder an, "muß ich sagen, daß dieser Herr Martin mir nicht gefallen will. Er hat in seinem Blick, in seinem Ton etwas Falsches. Ich sagte es Dir gleich den ersten Tag, und meine Meinung hat sich seitdem nicht geändert."

Am nächstfolgenden Tage schon schien das stattgehabte Ereigniß das Mißtrauen der jungen Arbeiterin vollständig zu rechtfertigen.

Meister Martin, der rechtschaffene Handelsmann, der geheime Agent der Wohlthätigkeit des Grafen Cardiano-Cardiani, war weiter nichts als der Anführer der Würger, der Hauptmann einer Rotte Banditen!

Louis wagte Niemanden etwas von den zufälligen Beziehungen zu sagen, die er mit dem Handelsmann der Cité gehabt, eben so wenig als von der Empfehlung, welche dieser ihm an eine vornehme Person gegeben.

Er fürchtete sich in irgend eine schlimme Angelegenheit zu verwickeln, und seine Schwester war die Erste, welche ihm rieth zu warten.

Ueber zwei Wochen waren jetzt seit der von der Polizei ausgeführten Expedition vergangen und der vornehme Gönner hatte noch kein Lebenszeichen wieder von sich gegeben.

„Was hatte ich Dir gesagt?" wiederholte Marie. „Und dennoch wäre jetzt, wo wir unsere Mutter wiedergefunden haben, das Glück uns sehr gelegen gekommen. Wer weiß, was aus dem Grafen Cardiano-Cardiani geworden ist!"

„Vorgestern," antwortete Louis, „als ich zufällig in dem Quartier Saint-Germain war, fiel mir ein, in die Rue de l'Université vor seinem Hotel vorüberzugehen."

„Nun und?"

„Die Fenster des Hotels waren sämmtlich geschlossen, als ob das Haus unbewohnt wäre. Ich erkundigte mich in der Nachbarschaft und man sagte mir, er sei auf's Land gegangen."

„Alles dies beunruhigt mich. Vielleicht gehörte dieser Graf auch mit zu der Bande."

In diesem Augenblick trat Meister Loiseau, nachdem er höflich angepocht, in Mariens Zimmer.

„Meine lieben Miethsleute," sagte er, „ich benutze die Gelegenheit, um mich nach Ihrem Wohlbefinden zu erkundigen. Hier ist ein Brief, den ein Commissionär unten für Sie abgegeben hat. Das Briefträgerlohn ist bezahlt."

Der junge Beamte las, nachdem er das Siegel erbrochen, leise folgende drei Zeilen:

„Der Graf Cardiano-Cardiani erwartet heute Herrn Louis Vernot in seinem Schlosse bei Passy."

Sobald als Meister Loiseau sich wieder entfernt hatte, zeigte Louis dieses Billet seiner Schwester.

„Du wirst doch nicht hingehen!" rief sie.

„Warum denn nicht?"

„Hat nicht jener angebliche Handelsmann, der Anführer der Würger, Dich mit diesem Grafen bekannt gemacht?"

„Nun, was kommt weiter darauf an?"

„Aber es steckt hier vielleicht irgend eine Schlinge, eine Intrigue dahinter!"

„Das beste Mittel, dies zu erfahren, ist, wenn ich hingehe — sogleich — am hellen lichten Tage. Warum sollte der Graf Cardiano-Cardiani nicht ebenso gut wie alle Welt durch diesen Meister Martin getäuscht worden sein, der sein abscheuliches Handwerk unter der Maske der Frömmigkeit und Wohlthätigkeit so gut zu verbergen verstand?"

Mit diesen Worten küßte Louis Vernot seine Schwester und machte sich auf den Weg nach Passy.

In der Rue de la Cité begegnete er einem jungen Mann, dessen ein wenig excentrisches Costüm einen Studenten verrieth.

„Wie, Gerard!" rief Louis. „Wo willst Du hin?"

„Ich wollte eben zu Dir gehen um Dich um eine Gefälligkeit zu bitten, oder vielmehr war es deine Schwester, an die ich mich wenden wollte."

„Du findest sie zu Hause."

Die beiden jungen Männer drückten einander die Hand und Louis lenkte seine Schritte nach dem Quai, wo er dem Lauf der Seine folgte, während Gerard, der Geliebte der schönen Wirthstochter des Patriarchenhofs, die fünf Treppen hinaufstieg, welche ihn nach Marie Vernot's Zimmer führten.

Siebentes Capitel.

Verborgene Liebe.

Gerard fand Marie Vernot in einem Zustande großer und peinlicher Unruhe.

Die junge Arbeiterin hütete sich indessen wohl, ihm genau den Beweggrund desselben zu sagen, obschon sie zu dem Studenten der Chirurgie vollständiges Vertrauen besaß und schon mehrmals Gelegenheit gehabt hatte, seine Verschwiegenheit auf die Probe zu stellen und kennen zu lernen.

„Gleich aus den ersten Worten, die Sie bei Ihrem Eintritt an mich richteten," sagte sie, „glaubte ich schließen zu können, daß Sie einen Dienst von uns begehrten."

„Ja, allerdings, einen sehr großen Dienst, wenn Sie ihn mir leisten könnten. Dennoch fürchte ich, daß Sie ihn mir verweigern werden."

„Warum das? Sprechen Sie."

„Vor allen Dingen muß ich Ihnen ein wichtiges Geheimniß anvertrauen."

„Ich höre Sie."

Der Student war sichtlich verlegen.

Marie forderte ihn auf, sich näher zu erklären.

„Nun denn," sagte er mit Ueberwindung, „ich liebe."

„Na, das ist ein schönes Geheimniß," rief Marie mit einem lauten, wohlklingenden Gelächter. „Wer liebte in Ihrem Alter nicht?"

„Das ist wohl wahr, aber es ist nicht Alles. Ich will heiraten."

„Das Heiraten," unterbrach ihn Marie in altklugem Tone, „ist die natürliche Folge einer rechtschaffenen Liebe. Bis jetzt finde ich in dem Geheimniß, welches Sie mir anvertraut, nichts sehr Außerordentliches. Kann man vielleicht," fuhr sie ihrerseits zögernd fort, „erfahren, wer der Gegenstand Ihrer Neigung ist?"

„Sie kennen denselben."

„So!" sagte die junge Arbeiterin ein wenig erröthend und von einer Gemüthsbewegung ergriffen, welche sich in ihrer Stimme bemerkbar machte; „ich kenne die Person, welche Sie lieben und welche Sie heiraten wollen?"

Gerard nickte bejahend.

„Und welches ist der erste Buchstabe ihres Namens?"

„Sie heißt Rosa."

„Rosa!" murmelte Marie Vernot, auf deren Wangen eine plötzliche Blässe die lebhafte Röthe verdrängte. „Rosa! dieser Name ist mir unbekannt. Wer ist diese Rosa?"

„Ihre ehemalige Nachbarin im Patriarchenhof, die Tochter der Schenkwirthin, deren Schenkstube sich dem Hause gegenüber befindet, in welchem Sie wohnten, ehe Sie in die Rue de la Calandre zogen."

"Ein häßlicher Ort ist diese Trinkstube," sagte Marie, indem sie versuchte, sich von der Bewegung zu erholen, die sich ihrer bemächtigt zu haben schien, als sie den Namen der Person hörte, welche Gerard heiraten wollte; "ein häßlicher Ort, wo ich von meinem Fenster aus sehr widerwärtige Menschen habe aus- und eingehen sehen."

"O, ich weiß es wohl," unterbrach der Student, "es ist eine förmliche Spelunke. Aber Rosa ist so hübsch — Sie haben sie oft gesehen. Waren Sie es nicht selbst, die mich zuerst auf den Contrast zwischen ihrer anständigen jungfräulichen Erscheinung und dem Anblick ihrer Umgebung aufmerksam machte?"

Die junge Arbeiterin schwieg einige Augenblicke. Wenn Gerard weniger ausschließlich mit seinen eigenen Gefühlen beschäftigt gewesen wäre, so würde er nicht verfehlt haben, die Niedergeschlagenheit, welche sich Mariens bemächtigt, und den ungewohnten Ausdruck von Melancholie, der ihre schönen Augen umschleierte, zu bemerken. Zögernd hob er wieder an:

"Ich habe Ihnen aber noch nicht gesagt, welchen Dienst ich von Ihnen erwarte, oder vielmehr, welchen ich mir von Ihrer Freundschaft erbitten will."

"Das ist wahr. Sie haben bis jetzt von weiter nichts gesprochen als von Ihrer Liebe — zu diesem Mädchen."

"Der Dienst, den ich begehre, steht mit dieser Liebe in Zusammenhang."

"Lassen Sie hören," sagte Marie in einem Tone, aus welchem ein gewisser Grad von Unmuth herauszuhören war.

„Rosa hat eine Mutter, die nicht so gut und so gebildet ist wie ihre Tochter."

„Das glaube ich wohl. Es ist ein entsetzliches Weib, eine Megäre, zu Allem fähig."

„Ja, sie wäre im Stande, ihre Tochter ins Unglück zu stürzen. Sie will sie zwingen, eine Art Raufbold, einen ehemaligen Sergeanten, der nach Branntwein und Tabak riecht, einen gemeinen Abenteurer und Stammgast des Patriarchenhofes, der sie seit einigen Wochen mit seinen unverschämten Anträgen verfolgt, zu heirathen. Vorgestern drohte ihre Mutter ihr, sie aus dem Hause zu jagen, wenn sie den Sergeanten noch länger abwiese. Ich weiß wohl, daß dieses böse Weib ihre Drohung nicht ausführen wird, denn sie speculirt auf die Schönheit ihrer Tochter, um die zahlreiche Kundschaft ihres Locals zu fesseln, aber ich will Rosa nicht länger an diesem abscheulichen Ort lassen, wo sie sich in Folge eines Phänomens oder vielmehr durch die Vortrefflichkeit ihres eigenen Herzens rein und keusch erhalten hat. Sie muß den Zudringlichkeiten dieses elenden Coquard und den Rohheiten einer Mutter, die, wie Sie sagen, zu Allem fähig ist, so bald als möglich entrissen werden."

„Sie wollen sie also wohl entführen? Und sie ist damit einverstanden?"

„Nein, im Gegentheil, sie weigert sich; sollte ich aber selbst Gewalt anwenden, so will ich nicht, daß sie auch nur noch acht Tage in dieser Höhle bleibe. Ich werde sie hierherbringen — hierher zu Ihnen."

„Hierher!" rief Marie; „zu mir! Was wollen Sie damit sagen, Herr Gerard?"

„Nun, das ist der Dienst, um welchen ich Sie bitten wollte, und den ich von Ihrer Freundschaft erflehe. Wenn Rosa von der Reinheit meiner Absichten überzeugt sein, wenn sie das Asyl, das ich ihr verschafft, kennen gelernt hat, wenn sie wissen wird, daß eine rechtschaffene Familie ihr einen Zufluchtsort öffnet, wo sie warten kann, bis ich die Einwilligung meines Vaters zu unserer Heirat erlangt — dann wird sie mir mit Vertrauen folgen. O, schlagen Sie mir meine Bitte nicht ab. Sie werden ihre Freundin sein. Wenn Sie die ganze Unschuld dieses Kindes, die ganzen Schätze seines Herzens kennten, wenn Sie wie ich in Rosa's Gedanken gelesen hätten, dann würden Sie keinen Augenblick zögern. Sehen Sie," fuhr er fort, indem er die beiden Hände der jungen Arbeiterin in die seinigen faßte, was abermals eine lebhafte Röthe auf ihren Wangen hervorrief, „sehen Sie, es ist ja ein gutes Werk, was Sie da verrichten. Vergessen Sie, was ich Ihnen von meiner Liebe gesagt, und sehen Sie, in Rosa nur eine Person Ihres Gleichen, ein Kind, welches sich trotz des entwürdigenden Schauspiels, welches es jeden Tag vor Augen hat, bis jetzt rein erhalten, welches aber zuletzt doch noch durch das Laster besudelt werden würde. Sie muß gerettet, sie muß diesem Höllenpfuhl entrissen werden. Nicht wahr, Sie erfüllen meine Bitte? Ich lese diese Einwilligung in ihren schönen Augen. O, Dank! Dank! Ich werde Ihnen dafür ewig verpflichtet sein und Sie werden in mir stets einen zweiten Bruder finden."

Gerard hatte diese lange Tirade mit wahrhafter Begeisterung gehalten. Er war von echtem Gefühl beseelt und dieses macht stets beredt. Er hätte Marie Vernot beinahe in seine Arme geschlossen, als sie ihm in leisem Tone mit einer gewissen Beklemmung antwortete:

»Sie können Ihre Geliebte hierherbringen, sobald Sie wollen. Ich werde sie aufnehmen wie eine Schwester.«

Gerard bückte sich und küßte sie mit freudestrahlendem Blick auf die Stirn.

Das arme Mädchen hätte sich unter diesem Kuß, dem ersten, den sie von Gerard erhielt, beinahe verrathen.

»Gehen Sie,« sagte sie zu ihm, indem sie ihn sanft zurückdrängte, »die Sache ist abgemacht. Sie können das Mädchen bringen, wann Sie wollen. Mit meinem Bruder werde ich darüber sprechen und nehme Alles auf mich. Jetzt, Gerard, verlassen Sie mich; ich fühle mich nicht wohl. Der Schritt, welchen Louis gegangen ist zu thun, beunruhigt mich sehr. Ich glaube, ich habe Fieber und möchte mir einen Augenblick Ruhe gönnen.«

Sobald als Marie allein war und ihre Thür verriegelt hatte, sank sie auf ihr Bett nieder und brach in unaufhaltsame Thränen aus.

Der Schmerz, ein qualvoller Schmerz, war nun in dieses bis jetzt so heitere, so sorglose Herz eingezogen.

Brauchen wir erst zu sagen, daß sie liebte? Bei dem Weibe ist die Liebe von Thränen unzertrennlich.

Als die beiden Kinder Nelly's vor etwas länger als einem Jahre in dem Patriarchenhof wohnten, hatte Louis die Bekanntschaft Gerard's gemacht, der in demselben Hause wohnte.

Gerard studirte, wie wir schon erwähnt haben, die Wundarzneikunde. Er war der Sohn des Doctors Peyrotte und verdankte sein Leben einer jener flüchtigen Bekanntschaften, die gewöhnlich in dem Gedächtniß des Mannes nur unbestimmte Erinnerungen zurücklassen. Ein ganz besonderer Umstand machte jedoch die Folgen dieser dauernder.

Der Doctor lebte seit zwei oder drei Monaten mit einer jener armen Creaturen, welche mehr durch Armuth und Mangel als durch Liebe zum Laster zu einem abenteuerlichen Leben verleitet werden, als er in Folge einer jener verdächtigen Geschichten, von welchen Jacques Herbin's Manuscript erzählte, festgenommen ward.

Man beschuldigte ihn, einem reichen Zollbeamten, dessen ungeduldige Neffen die Erbschaft nicht erwarten konnten, statt eines Arzneimittels Aqua toffana gereicht zu haben.

Die Polizei nahm auch die Frauensperson fest, mit welcher er lebte, und sie ward in die Salpetrière gebracht.

Dennoch scheint es, als ob Peyrotte, der übrigens in einem abscheulichen Rufe stand und schon oft wegen ähnlicher Geschichten zur Verantwortung gezogen worden war, diesmal zufällig an dem Verbrechen, dessen man ihn anklagte, unschuldig gewesen wäre.

Die Untersuchung ward niedergeschlagen, als er aber das Gefängniß des Chatèlet verließ, erfuhr er, daß seine Zuhälterin in der Salpetrière gestorben sei, nachdem sie vorher ein Kind zur Welt geboren.

Dieser mit allen Lastern besudelte Mann fühlte jetzt gleichwohl ein redliches Gefühl in seinem Herzen erwachen. Er ward von lebhafter Zärtlichkeit für dieses Kind, welches der Tod ihm vermacht, ergriffen. Er that die erforderlichen Schritte, um es von dem Findelhause des Faubourg Saint-Antoine, in welches man es gebracht, ausgeliefert zu erhalten und es erfreute sich dann eines gewissen Grades von Vaterliebe. Der kleine Gerard ward einer Pächterfamilie anvertraut, welche in der Umgegend von Meaux wohnte, und der Doctor verfehlte selbst in den Tagen seiner größten Armuth und Entblößung nicht, die für die Ernährung und Erziehung seines Sohnes stipulirte Summe pünktlich zu bezahlen.

Als Gerard groß genug war, um Schulunterricht zu genießen, brachte sein Vater ihn auf die lateinische Schule von Montaigu und bestimmte ihn dann für seinen eigenen Beruf.

Unmöglich aber wäre es, die unaufhörliche Umsicht und Sorgfalt zu schildern, womit Peyrotte darüber wachte, daß Gerard ein rechtschaffener Mann würde. Als ob er fürchtete, daß die Nähe seiner eigenen Laster ihn anstecken könne, ließ er ihn nie in seine Wohnung kommen. Vielleicht that er dies auch, um ihm den Anblick seiner Armuth zu ersparen.

Endlich als Gerard zum Manne herangewachsen war, und die Universität beziehen mußte, miethete er ihm ein Zimmer, wo er ihn häufig besuchte, aber ohne ihn jemals mit nach dem isolirten Pavillon zu nehmen, den er selbst mit Laura, der ehemaligen Geliebten des schönen Lambert, bewohnte, und wo er sich der unheimlichen Industrie widmete, zu welcher ihm im Nothfalle der Würger Filoche das Material lieferte.

Gerard besaß ein liebendes, außerordentlich feinfühlendes Herz.

Die Beweggründe der Handlungsweise seines Vaters in Bezug auf ihn waren ihm niemals auseinandergesetzt worden. Er selbst brachte sie auf Rechnung einer seltsamen Laune, und da er für die Neigung seines Herzens keine Nahrung nach dieser Seite hin fand, so wirkte diese Empfindsamkeit auf sich selbst zurück und er mußte nothwendig bei der ersten Leidenschaft, welche das Lächeln eines Weibes in ihm erweckte, die Grenzen der Mäßigung überschreiten.

Eine Zeit lang hatte er mit Eifer den Umgang mit Louis Vernot gesucht, dessen hoher Geist und edle Geschmacksrichtungen ihm gefielen, und Marie hatte sich unmerklich für ihn interessirt. Ein neues, unbekanntes Gefühl, welches sie mit wonnigen Regungen erfüllte, entwickelte sich allmälig in dem Herzen der jungen Arbeiterin, und da sie eine biedere Seele und ein reines Gewissen besaß, so hatte sie bei sich selbst gesagt:

"Dies ist der Mann, den ich heiraten werde."

Das Erwachen aus diesem Traume war ein sehr trauriges.

Es war dies der zweite große Schmerz, den Marie empfand. Der erste war das Verschwinden ihrer Mutter gewesen.

Gegen Abend, als Louis Vernot von dem Besuche bei dem Grafen Cardiano-Cardiani wieder nach Hause zurückkam, ward er von der Niedergeschlagenheit seiner Schwester, von der Melancholie ihres Blickes betroffen und beeilte sich sie zu fragen, ob sie in seiner Abwesenheit irgend einen Kummer erfahren habe.

»Von welchem Kummer sprichst Du?« antwortete sie. »Ich bin nicht aus dem Hause gekommen.«

»Du hast Gerard gesprochen, nicht wahr?«

»Ja, einige Augenblicke.«

»Er wollte uns um eine Gefälligkeit bitten. Ich begegnete ihm, als ich fortging.«

Marie unterbrach ihren Bruder, um das Ergebniß seines Besuches bei dem Grafen zu erfahren.

»Ich habe unaufhörlich vor Angst gezittert,« setzte sie hinzu.

»Kind,« antwortete der Bruder, »was fürchtetest Du denn?«

»Hast Du ihn gesehen? Hast Du ihn gesprochen?«

»Der Graf Cardiano-Cardiani empfing mich mit großer Leutseligkeit. Seine ersten Worte waren eine Erkundigung nach der seltsamen Geschichte dieses Meister Martin, der mich zu ihm geschickt. Er wollte nicht glauben, daß dieser Mann derselbe wäre, den er mit einer philantropischen Mission beauftragt und der, wie er mir sagte, seine Befehle mehrmals mit der größten Treue und Zuverlässigkeit ausgeführt. Doch was sollen wir uns länger mit dieser Sache beschäftigen,« setzte er hinzu. »Mag nun der Handelsmann der Cité ein ehrlicher Mann oder ein Schurke gewesen sein, so kommt für uns wenig darauf an, da er uns weder dem Einen noch dem Andern etwas Uebles zugefügt, sondern im Gegentheile mir das Vergnügen verschafft hat, Sie kennen zu lernen und Ihnen Gutes zu erzeigen, während ich dabei zugleich meine eigenen Interessen fördere. Die Angelegenheit, von welcher ich Ihnen bei Ihrem ersten Besuche sagte, ist nun so weit gediehen, daß ich Ihnen hiermit die Basis derselben vorlegen kann, und auf weiter nichts mehr warte, als auf Ihre Zustimmung."

Louis Vernot erklärte seiner Schwester, worin diese Angelegenheit bestünde.

Da der Graf Cardiano-Cardiani die Absicht hatte, sich für immer in Frankreich und zwar in Paris niederzulassen, so hatte er Auftrag zum Verkauf seiner umfangreichen Besitzungen, die er in Rom hatte, seines Palastes und seiner Landgüter ertheilt.

In Folge dieses Verkaufs mußten bedeutende Summen realisirt werden, andere sollten ebenfalls bald eingehen und er wollte einen Theil derselben zu Finanzspeculationen verwenden.

Einige seiner Freunde hatten ähnliche Absichten, und Louis sollte an die Spitze eines großen Bankhauses gestellt werden, welches der Graf Cardiano-Cardiani sofort in Beziehung zu den zahlreichen Bankiers in Italien, der Schweiz und England setzen wollte, mit welchen er im Laufe seiner Reisen in Geschäftsverbindungen gestanden. "Man kennt mein Vermögen," hatte Regina's Vater zu Louis gesagt, "und man braucht blos zu wissen, daß Sie die Unterstützung des Grafen Cardiano-Cardiani genießen, daß er Ihnen sein Vertrauen schenkt, und das Geld wird sofort von allen Seiten in Ihre Casse fließen. Ich will, daß ehe noch zwei Jahre um sind, das Haus Louis Vernot das erste in ganz Europa sei. Danken Sie mir nicht mehr, als mir gebührt; wenn ich eine gute That übe, indem ich einem braven jungen Mann wie Sie eine ehrenvolle Carriere öffne, so mache ich dabei zugleich auch ein gutes Geschäft und es wird nicht lange dauern, so bin ich der Verpflichtete."

"Und wann soll dieser schöne Traum sich verwirklichen?" fragte die junge Arbeiterin.

"Sofort — morgen. Unser Gönner geht rasch zu Werke. Schon ist in der Rue Saint-Honoré ein Hotel gemiethet, um die Bureaux darin einzurichten, und er will, daß wir die Wohnung, die uns darin vorbehalten ist, sofort einnehmen. Es ist ein herrliches Haus mit einem Garten. Ich habe es im Vorbeigehen gesehen. O, Du wirst Dich dort sehr wohl befinden, liebes Schwesterchen, und ich fühle mich glücklich in diesem Gedanken! Du bist dann nicht mehr eine Arbeiterin, sondern eine Demoiselle. Du brauchst nicht mehr Nächte hindurch zu sitzen, um einige Sous zu verdienen, und ich werde Dir einen schönen Wagen kaufen, in welchem Du auf den Boulevards spazierenfährst."

Marie schüttelte wehmüthig den Kopf.

"Und unsere Mutter, unsere arme Mutter," fuhr Louis fort, "welche Pflege können wir ihr dann widmen, welche Behaglichkeiten ihr bereiten! — Wie gleichgültig Du aber alle diese guten Nachrichten, dieses unverhoffte Glück hinnimmst! Du hast mich wohl gar nicht verstanden, Schwester?"

"O ich habe Dich vollkommen verstanden, lieber Bruder; der Mensch ist aber nicht allemal Herr seiner Eindrücke und ich kann mich in diesem Augenblick eines tiefen Gefühls von Unruhe, ja von Mißtrauen nicht erwehren."

"Immer wieder diese Furcht, dieser Argwohn! Gestehe, daß Du ein wenig hartnäckig bist, denn gegenwärtig wird dieser Argwohn durch nichts mehr gerechtfertigt."

"Gerard war da," sagte Marie, indem sie ihren Bruder unterbrach und ihre eigenen Gedanken verfolgte.

"Ach ja — ich hatte ihn ganz vergessen. Was wollte er denn?

"Er liebt — ein junges Mädchen," fuhr sie ein wenig zögernd fort; "er will sie heiraten."

"Und wer ist dieses junge Mädchen?"

"Ach, das ist eine lange Geschichte."

Marie erzählte ihm, was Gerard ihr anvertraut, und die Bitte, welche er an sie gerichtet.

"Und Du hast eingewilligt, Rosa bei uns aufzunehmen?"

"Ja, ich habe eingewilligt," antwortete Marie, deren Stimme bei ihrer Erzählung ein wenig gezittert hatte.

"Gute Marie," sagte Louis mit Wärme, "Du bist ein Engel und Du verdienst dereinst recht glücklich zu werden."

Ihr Bruder hatte ihr Geheimniß errathen, aber er wollte sie nicht zu einer Mittheilung nöthigen, welche ihren Schmerz nur erhöht haben würde.

Als Marie sich endlich in ihrer Kammer allein sah und den Gefühlen, welche sie bestürmten, freien Lauf lassen konnte, warf sie sich zu den Füßen ihres Bettes auf die Knie nieder, drückte beide Hände an den Kopf und weinte lange und still.

So verbrachte sie einen Theil der Nacht und erst gegen Morgen verschaffte eben das Uebermaß der geistigen Ermüdung ihr einige Stunden Ruhe.

Zwei Tage später bezog sie mit ihrem Bruder und ihrer Mutter das Hotel in der Rue Saint-Honoré. Als sie ihre bescheidene Wohnung in der Rue de la Calandre verließ, schnürte sich ihr Herz noch mehr zusammen. Eine geheime Stimme sagte ihr, daß dieses Glück, welches ihrem Bruder auf so seltsame, so unvorhergesehene Weise zu Theil ward, für sie viele Sorgen, vielleicht ein nahes Unglück herbeiführen würde.

Sie verschwieg aber sorgfältig diese Ahnungen, welche Louis wiederum als Kindereien betrachtet haben würde.

Dem Sohne des Doctor Peyrotte ward ein Billet zugesendet, um ihn von der neuen Stellung seiner Freunde zu unterrichten, ihm zu sagen, daß ihre Gesinnungen in Bezug auf ihn noch unverändert seien, und daß sie, wenn er seinen Plan noch ausführen wollte, Rosa wie eine Schwester bei sich aufnehmen würden.

Achtes Capitel.

Ein Herz von Stahl.

Der Graf Cardiano-Cardiani folgte den Rathschlägen des Doctor Savaras.

Da er jedoch ein sehr schlauer und gewandter Kopf war, so hütete er sich wohl, Regina geradezu zu sagen, daß Jules von Bervilly eine Andere liebe, daß er in dem

Augenblicke, wo sie ihn todt glaubte, einer Andern die Ehe versprochen.

Vor allen Dingen ließ er mit großer Geschicklichkeit in ihr ein unbestimmtes Mißtrauen erwachen, und dann machte er flüchtige Bemerkungen über die Veränderlichkeit der Gefühle des Menschenherzens. Konnte Regina auch fest überzeugt sein, dem Vicomte eine aufrichtige Leidenschaft eingeflößt zu haben? Verdankte sie die Anhänglichkeit, die er ihr versprach, nicht vielmehr dem Mitleide, einem sanften Mitgefühl für ihren Schmerz, für ihre Leiden?

Nachdem auf diese Weise der Zweifel allmälig in ihrer Seele Wurzel gefaßt, sprach der Graf Cardiano-Cardiani wie auf ganz zufällige Weise von der Familie des jungen Vicomte, von dem, was Savarus ihm über die Kindheit desselben mitgetheilt, die er auf dem Schlosse Kerouet bei einer liebenswürdigen Cousine zugebracht.

Er warf einige Zweifel in Bezug auf die Einwilligung dieser Familie hin, welche vielleicht schon andere Heiratspläne entworfen hatte.

Endlich als er Regina auf eine letzte Enthüllung genügend vorbereitet glaubte, sagte er — ohne ihr die ganze Wahrheit mitzutheilen — daß in der That, und zwar erst ganz kürzlich von einer Vermälung des jungen Vicomte mit Louise von Prie die Rede gewesen, daß die Charakterschwäche des Vicomte nicht verfehlt habe sich auch bei dieser Gelegenheit zu zeigen, und daß, wenn er auch nicht seine bestimmte Zustimmung zu dem Wunsche der Seinigen ausgesprochen, er ihnen doch Grund gegeben habe, zu vermuthen, daß eine solche Heirat zu Stande kommen könne.

Indem er auf diese Weise Tag für Tag das Herz seiner Tochter zerriß, blutete ihm auch das eigene.

Nicht ohne Selbstüberwindung hatte er sich zu dieser grausamen Komödie hergegeben, die Drohworte des Doctor Savarus hallten aber fortwährend in seinem Ohr. Er war gewiß, daß ein anderes Verfahren diesmal seine Tochter tödten würde und er führte mit fester Hand das Eisen in der Wunde hin und her.

Regina zeigte, wie Savarus übrigens auch schon vorhergesagt, mehr Muth, als der Graf von ihr erwartete.

Sie besaß, eben so wie ihr Vater, große Energie und faßte mit vieler Kaltblütigkeit jedes Ereigniß in's Auge, auf welches ihr Wille eine sofortige Wirkung ausüben konnte.

Die grausame Prüfung, die sie so eben bestanden, der Anblick jenes Todesfalles hatten übrigens ihre Seele gestählt.

Der Graf hatte nicht nöthig, seine vertrauliche Mittheilung bis auf's Aeußerste zu treiben. Sie verstand, sie errieth Alles und ihr Entschluß war rasch gefaßt.

Jules von Bervilly und Regina sind in dem Park unter den Kastanienbäumen. Sie sitzen auf derselben Bank, wo sie sich mit ihrem Vater an dem Tage befand, wo er für sie so schmerzliche Worte sprach.

Die Scene hat sich seitdem sehr verändert. Wir sehen nicht mehr die bleiche, sterbende Regina, sondern ein feuriges, ungestümes Weib mit flammendem Auge und bebender Lippe, und wenn sie erbleicht, so geschieht es nicht mehr vor Schmerz, sondern vor Zorn und Entrüstung.

Sie hatte eine ihrer Hände Herrn von Bervilly überlaſſen, der ſie liebend drückt. Sie plaudern ſchon lange mit halber Stimme über jene tauſend müßigen Dinge, deren Reiz in der Vertraulichkeit liegt, zu welcher ſie nur den Vorwand abgeben.

Jules überläßt ſich ohne Hintergedanken den Reizen einer ſüßen Converſation, die Tochter des Grafen Cardiano-Cardiani aber beobachtet ſich ein wenig, und wer ihnen zuhörte, würde bald bemerken, daß ſie einen Uebergang ſucht, um einen ernſten Gegenſtand zur Sprache zu bringen.

„Alſo,“ ſagt ſie zu ihm, „Sie würden Ihr Leben gern in tiefer Zurückgezogenheit zubringen, und auf alle Vergnügungen der Welt verzichten?“

„Bei Ihnen, ja. Denn würde ich dann nicht andere Freuden finden?“

„Ja wohl, ja wohl — aber Sie würden die, deren Sie beraubt ſein würden, bald betrauern. Uebrigens,“ ſetzte ſie in deutlicher Abſicht, aber immer noch in ſcherzendem Tone hinzu, „übrigens iſt es ja auch möglich, daß ich mich irre und daß Sie wirklich ein Waldgeiſt ſind.“

„Die Wälder, die tiefen Einöden habe ich allerdings von jeher ſehr geliebt. In Gegenwart der Natur fühlt man mehr, daß man lebt. Auch muß man dann inniger lieben, Regina,“ ſagte er leiſe, indem er ihr ſanft die Hand drückte.

„Das müſſen Sie beſſer wiſſen, als ich,“ murmelte ſie, indem ſie ihre Hand zurückzog.

Herr von Berville ſah ſie an.

„Was wollen Sie damit ſagen?“

„Das Schloß Kerouet hat poetiſche Erinnerungen in Ihnen zurückgelaſſen. Dieſelben begeiſtern Sie in dieſem

Augenblicke und Sie finden in der Vergangenheit das Bild der Zukunft, welche Sie träumen."

"Meine Kindheit habe ich allerdings in dem Schlosse Kerouet verlebt."

"Haben Sie dort nicht auch Ihnen theure Personen zurückgelassen?"

"Allerdings — meine Mutter und andere Verwandte, die mit großer Liebe an mir hingen."

"Ja — Sie haben eine Tante dort — Frau von Prie — die Dame, welche ich vor einigen Wochen sah — mit ihrer Tochter — Louise — nicht wahr?"

"Diese Damen sind wieder nach der Bretagne zurückgereist," beeilte sich Herr von Berwilly zu sagen.

"Und Sie wollten ihnen folgen. Sie haben doch diese beabsichtigte Reise nicht aufgegeben?"

"Ich?" fragte er, von Regina's Ton betroffen.

Die Tochter des Grafen erhob sich plötzlich.

"Hören Sie mich an!" sagte sie in kurzem, raschem Tone. "Ich will mich nicht länger gegen Sie verstellen. Nach dem, was Sie von mir wissen, und auf dem Punkt, wo wir jetzt stehen, sind wir uns gegenseitig die größte Offenheit schuldig. Sie besitzen mein Herz, Jules, mein ganzes Herz. Man kehrt nicht wie ich vom Rande des Grabes zurück, ohne das Recht erlangt zu haben, sich über einige Convenienzen der Welt hinwegzusetzen, welche zwischen uns nur Heuchelei oder Schwäche genannt werden könnten. Wohlan, ich sage Ihnen — und strafen Sie mich Lügen, wenn Sie es wagen — Sie haben mich betrogen — Sie betrügen mich noch!"

"Ich, ich sollte Sie betrügen?" rief Herr von Bervilly. »Wer hat Ihnen diesen Gedanken eingegeben? Ich sollte Sie betrügen? In welcher Beziehung denn?«

»Sie lieben eine Andere. Läugnen Sie es nicht — ich weiß es gewiß!«

»Aber was denn für eine Andere, mein Gott! Nur Sie allein liebe ich und Sie wissen dies recht wohl.«

»Nein, Sie lieben Ihre Cousine — Louise von Prie! — Wagen Sie jetzt auch noch mich Lügen zu strafen?«

»Ich schwöre Ihnen —«

»Schwören Sie nicht — ich kenne alle Umstände. Dieses Bündniß ist schon seit langer Zeit in Ihrer Familie beschlossen. Frau von Prie und ihre Tochter sind nicht von dem Schloß Kerouet zurückgekehrt, ohne daß sie wieder eine Unterredung mit Ihnen gehabt hätten, und bei dieser haben Sie sich auf's Neue verbindlich gemacht. Sie hatten vielleicht eine Entschuldigung,« setzte sie mit einer gewissen Bitterkeit hinzu. »Sie hatten mich damals noch nicht wiedergesehen, Sie hatten mich vergessen, Sie wußten nicht, daß ich vor Schmerz dem Tode nahe war.«

Indem Regina so sprach, war sie wahrhaft schön. Ihre Schönheit war nicht jene gemeine und plastische, welche die Sinne reizt, aber das Herz kalt läßt, sondern jene ideale Schönheit, welche die Seele ergreift und die innersten und geheimsten Fasern erbeben läßt.

Ihr Auge schoß bald wilde Blitze, bald strahlte es schmachtend und liebkosend, und Schatten zogen über ihre Stirn wie jene raschen Wolken, welche der Wind am blauen Himmel vorüberjagt.

Ihr Mund, der sonst nur zum Lächeln und Küssen geschaffen zu sein schien, zuckte jetzt von bezauberndem Zorn.

Der Vicomte war wie geblendet. Noch nie hatte er sie so verführerisch gesehen.

»Regina,« sagte er zu ihr, »noch nie habe ich Sie so geliebt, wie ich Sie heute liebe. Das ist Alles, was ich weiß, und wenn die Aufrichtigkeit eines Menschen sich auf seinem Gesicht malen kann, so sehen Sie mich an und Sie werden wissen, ob ich Sie belüge.«

»Ja, Sie lieben mich — das weiß ich, der Andern aber, Louisen von Prie, haben Sie ebenfalls dergleichen Worte gesagt — und Sie wollen sie heiraten, wenigstens haben Sie es versprochen, nicht wahr?«

»Wohlan, ja. Ich kannte Dich damals noch nicht, meine schöne Regina. Dieses Bündniß war ein Wunsch meiner Familie — die Freundschaft der Kindheit vereinigte uns schon. Glaube mir, es war nur Freundschaft, dies fühle ich jetzt, wenn ich die ruhigen Gemüthsregungen, die ich damals empfand, mit dem Rausche deiner Gegenwart vergleiche. Als meine Verwandten nach Paris zurückkamen, als ich sie wiedersah, hatte ich nicht den Muth Frau von Prie zu enttäuschen. Dies ist mein ganzes Verbrechen. Verdient es wohl deinen Zorn?«

»Mich zu überzeugen,« sagte Regina in kurzem Tone, »gibt es ein einziges Mittel.«

»Ich bin bereit Dir zu gehorchen. Sprich, was soll ich thun? — So sprich doch!«

»Schwören Sie mir zu thun, was ich Ihnen sagen werde — ohne Zögern.«

»Ja, ohne Zögern.«

»Nun, dann schreiben Sie einen Brief an Frau von

Prie, um ihr zu sagen, daß sie nicht mehr auf Ihre Vermälung mit ihrer Tochter rechnen soll."

Der Vicomte konnte einen Ausruf der Ueberraschung und des Schmerzes nicht unterdrücken.

Regina fuhr fort, als ob sie diese Bewegung, welche die ganze Unruhe ihres Geliebten verrieth, nicht bemerkte:

„Sie werden diesen Brief noch heute Abend schreiben und mir ihn zustellen. In solchen Dingen verlasse ich mich auf Niemanden als mich selbst, und ich werde den Brief selbst an seine Adresse befördern."

„Sie wollen sie also tödten!" murmelte Jules, indem er auf die Bank niedersank.

„Ha! das war endlich ein wahres Wort!" rief die Tochter des Grafen Cardiano-Cardiani. „Es ist das erste — alles Uebrige war Lüge."

Sie entfernte sich mit stolz verächtlicher Geberde, er eilte ihr jedoch nach und führte sie unter die Kastanienbäume zurück, deren dichtes Laubwerk sie vor den Blicken zudringlicher oder gleichgiltiger Zuschauer schützte.

„Regina! Regina!" hob der Vicomte an, „beruhigen Sie sich. Ihre Phantasie leitet Sie irre. Ich liebe Louise nicht. Ich liebe sie nicht mehr, nur Sie allein besitzen meine ganze Liebe."

„Du liebst sie noch, denn Du fürchtest ja sie zu tödten!" entgegnete die Unerbittliche.

Er hatte sie wieder an die weiße Marmorbank zurückgeführt. Er zwang sie mit sanfter Gewalt sich zu setzen und kniete vor ihr nieder.

Sein Wille ward schon schwach.

Die Tochter des Grafen Cardiano-Cardiani bemerkte

dieß mit leichter Mühe, denn ohne daß bei diesem Auftritt irgend etwas Erkünsteltes von ihrer Seite im Spiel gewesen wäre, war sie doch in Folge eines Phänomens an Willenskraft Herrin ihrer selbst geblieben.

„Sie schreiben, nicht wahr? Sie haben geschworen, mir zu gehorchen."

„Wohlan, ja — ich werde schreiben — an meine Mutter."

Er hatte einen Mittelweg gefunden und glaubte auf diese Weise seine Ehre zu wahren.

„An Ihre Mutter; — gut, es sei. Aber immer unter derselben Bedingung. Ich werde diesen Brief absenden — Sie werden mir ihn offen zustellen, denn ich will ihn lesen."

Der Tag neigte sich schon.

Regina war die Creatur der Contraste, ein bezaubernder Proteus, der alle Formen annahm, und eben hierin lag die magische Gewalt, welche sie ausübte. Heiter, fast frivol, dann melancholisch, wehmüthig, schmachtend, anschmiegend, dann wiederum heftig, feurig, leidenschaftlich, überließ sie sich fast ohne Uebergang den entgegengesetztesten Regungen des menschlichen Herzens und fesselte auf diese Weise die, welche sie verführen wollte, durch tausendfache Bande.

Nach allen diesen Blitzen und all' diesem Sturm kamen köstliche Augenblicke.

In dem zweifelhaften Schimmer der Dämmerung berauschte der Vicomte sich in Regina's süßen Blicken und lauschte mit unendlicher Wollust jedem Worte, welches ihren

Lippen entfiel. Es war mehr ein Murmeln als ein Gespräch, das Rieseln zweier jugendlicher überwallender Herzen, ein Zwiesprach, bei, welchem oft ein Händedruck die Stelle der Worte vertrat.

Plötzlich erhob sich Regina und entfloh leichtfüßig nach dem Hause, indem sie beide Lippen an die Finger legte und ihrem Freunde diesen graziösen Abschiedsgruß zurückließ.

Es war mittlerweile vollständig Nacht geworden.

Der Vicomte verließ das Schloß des Grafen, ohne Regina noch einmal zu sehen.

Sie hatte sich in ihr Zimmer eingeschlossen. Sie war ihres Sieges sicher und überzeugt, den nächsten Tag den verlangten Brief zu erhalten.

„Möge sie sterben, diese Louise!" sagte sie. „Was kommt weiter darauf an? Ich wäre ja auch beinahe gestorben."

Als Jules zu der kleinen Thür hinausging, welche neben dem großen Gitterthor des Schlosses angebracht war, sah er sich auf der Straße vergebens nach seinem Cabriolet um, welches er auf acht Uhr hierher bestellt hatte. Uebrigens war es sehr finster und er that einige Schritte, um zu sehen, ob er es nicht doch noch entdecke.

So ging er bis an das Ufer der Seine hinab.

Zwei Männer, die sich bis jetzt in dem Straßengraben versteckt gehalten, erhoben sich, als er vorbei war, und folgten ihm von weitem.

„Ich irre mich nicht, er ist es," sagte einer dieser Männer.

„Wer denn?" antwortete sein Camerad in gedämpftem Tone. „Ich habe ihn nicht erkannt."

»Nun, der Vicomte, der, welchen wir in jener Nacht auf dem Notre Dame=Platze so gut bedient hatten.«

»Der Vicomte Jules von Bervilly?«

»Ja wohl, derselbe in eigener Person.«

»Dann wäre er wieder von den Todten auferstanden?«

»Das ist wahrscheinlich. Was kann er in diesem Hause machen wollen?«

»Sieh, jetzt steigt er in ein Cabriolet. Immer fahr zu, Kutscher! Nun ist nichts mehr mit ihm anzufangen — kehren wir wieder in unser Versteck zurück.«

Sie lenkten ihre Schritte wieder nach der Richtung des Gitterthores und verbargen sich wiederum in dem Straßen=graben.

»Brisbille,« sagte der Größere zu seinem Cameraden, »wir kommen in unserem Werke nicht sonderlich vorwärts.«

»Na, zum Teufel, wir müssen Geduld haben, dann wird es sich schon machen. Wir wissen ja schon gewiß, daß Filoche im Dienste dieses Grafen steht, daß er sich Herr Durand nennen läßt und daß er schwarz gekleidet ist wie ein Procurator.«

»Ja, aber der Andere.«

»Der Andere, wenn dies der Capitän ist, so ist unser Glück gemacht. Ist er es nicht, so machen wir deswegen immer noch ein ganz leidliches Geschäft — das ist Alles. Ich kenne jetzt das Haus so genau, als ob ich es vom Keller bis zum Dachboden hinauf durchsucht hätte. Es muß viel Gold und Silbergeschirr darin stecken. Wir werden uns desselben bemächtigen.«

"Ich danke schön. Was mich betrifft, so arbeite ich nicht mehr in dieser Branche."

"Matharel, Du wirst dick. Das macht Dich feig, und Du wirst auf dem Stroh sterben. Ich muß mich also nach einem Andern umsehen, der mir die Leiter hält. Ach, wenn Coquard nicht heiratete! Das war eine zuverlässige Stütze!"

"Coquard heiratet?"

"Ja, künftige Woche heiratet er die kleine hübsche Tochter der Doppelkanne. Damit geht wieder ein Mann für die Arbeit verloren. — Ha! jetzt sind alle Lichter ausgelöscht. Nun ist der Augenblick geeignet, um ein wenig die Mauern zu untersuchen und ihre Höhe zu messen."

"Still, still!" sagte Matharel; "ich höre Geräusch."

"Es ist das Rollen eines Wagens — er kommt näher."

Kaum waren zwei oder drei Minuten vergangen, so fuhr ein Wagen rasch an dem Gitterthor vor, welches von zwei Dienern mit Laternen in den Händen geöffnet ward.

In dem Augenblick, wo der Wagen an dem Graben vorüberfuhr, worin Brisbille und Matharel sich versteckt hatten, bog sich ein Kopf ein wenig über den Schlag heraus und warf einen forschenden Blick in das nächtliche Dunkel.

"Gut," sagte Regina's Vater, denn er war es, welcher nach Hause zurückkam; "meine Leute sind noch da. Filoche hat also meine Befehle nicht befolgt. Sie werden aber nichts einbüßen, wenn sie noch warten müssen; also Ihr erlaubt Euch euren Anführer zu belauern und ihm einen Beobachtungsposten vor das Haus zu stellen!"

Das Gitterthor hatte sich wieder geschlossen und abermals herrschte Schweigen ringsum, als aus einer in einer Vertiefung der äußeren Mauer des Parkes verborgenen kleinen Thür ein Mann heraustrat, der zwei ungeheure Hunde an der Leine führte und sofort losließ.

Es dauerte nicht lange, so vernahm man Hilfegeschrei, Schmerzensrufe, untermischt mit wüthendem Gebell und grimmigen Flüchen und zwei Schatten rollten, von den Hunden verfolgt, von der Böschung der Straße herab.

Es war ein Streich nach seiner Art, den Filoche seinen ehemaligen Cameraden spielte.

Neuntes Capitel.

Doctor Savarus.

Zu der Zeit, wo diese Geschichte sich ereignete, bestand die unter der Regierung Heinrichs des Vierten geschaffene aristokratische Place Royale noch in ihrer ganzen Ursprünglichkeit.

Sie ist heute noch einer derjenigen Punkte des alten Paris, welche die wenigsten Umgestaltungen erfahren, im Jahre 1788 aber war sie noch ganz so wie 1639, als mitten auf diesem Platze eine metallene Reiterstatue Ludwigs XIII. auf ihrem marmornen Piedestal auf Kosten des Cardinals Richelieu errichtet ward.

Heinrich der Große hatte selbst eine der vier Seiten des Platzes erbauen lassen und verkaufte sie dann an Privatpersonen. Die Bauplätze der drei anderen Seiten wurden gegen einen Grundzins an andere Baulustige überlassen, die dabei zugleich die Verpflichtung auf sich nahmen, Pavillons in Uebereinstimmung mit der Zeichnung errichten zu lassen, welche der König ihnen dazu liefern würde.

Der Pavillon, welcher sich der Rue Royale gegenüber befand, hieß der Pavillon des Königs, und der Pavillon der Königin war der, welcher sich der Chaussée oder der Rue des Minimes gegenüber befand.

Dieser regelmäßig viereckige Platz besteht auf drei Seiten aus neun Pavillons und auf der vierten nur aus acht, weil hier die Rue de l'Echarpe einmündet.

Diese fünfunddreißig Pavillons sind von Backsteinen mit Sandsteinsimsen und Verzierungen erbaut und werden durch eine Reihe Arcaden gestützt, welche rings herum einen bedeckten Gang bilden.

Unter der Regierung Ludwig des Dreizehnten gaben die Besitzer der Pavillons jeder tausend Livres zur Bestreitung der Herstellung des Gitters, welches den Rasenplatz einschloß, in dessen Mitte die Statue dieses Fürsten stand.

Der Cardinal von Richelieu hatte die Ausführung dieses Monuments dem berühmten Daniel Ricciabelli von Voltierra, einem Schüler von Michel Angelo, anvertraut, der Tod aber raffte den Künstler hinweg, ehe er noch die Figur des Königs hatte modelliren können. Nur das Pferd war fertig und dieser Theil des Monuments ward als ein Meisterwerk betrachtet.

Zur Zeit der Ankunft des Grafen Cardiano-Cardiani in Paris hatte der Doctor Savarus kurz zuvor den Pavillon Nr. 32 der Place Royale bezogen.

Sein Name war vielleicht von allen Bewohnern dieser aristokratischen Region der einzige, welcher nicht dem Adel angehörte; die fremdartige Endung machte jedoch das allzu Plebejische, was für eine solche Nachbarschaft von Grafen, Marquis, Baronen und adeligen Witwen darin lag, einigermaßen wieder gut.

Er bewohnte in diesem Pavillon die große erste Etage, eine außerordentlich umfangreiche Wohnung, welche für eine ganze Familie genügt hätte und worin er in der größten Abgeschlossenheit lebte, ohne auch nur einen einzigen Diener in seiner Nähe zu haben.

Er empfing keine Besuche und erhielt keine Briefe. Der Portier ordnete und säuberte auch zugleich die Wohnung, deren Räume fast sämmtlich in Bibliothekzimmer verwandelt worden waren.

Ein einziger blieb stets verschlossen und Niemand war hier eingedrungen.

Es war ein großes Zimmer auf der Hinterseite des Hauses. Zur Möblirung und Einrichtung desselben hatte Savarus Arbeiter aus einem entfernten Stadttheil kommen lassen.

Seit zwei Jahren hatte man von außen noch niemals die beiden Fenster dieses Zimmers sich öffnen, oder des Abends ein Licht durch die Ritzen der Läden hindurchschimmern sehen.

Der Portier, welchen die seltsame Lebensweise des Doctors natürlich sehr neugierig machte, behauptete jedoch, derselbe brächte jeden Tag mehrere Stunden in diesem geheimnißvollen Asyl zu, in welchem fortwährend eine Art Todtenlampe brenne.

Woher aber hatte er diese Einzelheiten erfahren? War es ihm durch Geduld und Schlauheit gelungen, die Wachsamkeit seines Miethsherrn zu täuschen?

Niemand hat dies je erfahren und nur ein Portier könnte diese Mittel muthmaßen.

Die Gestalt des Doctor Savarus ist in unserer Geschichte bis jetzt nur flüchtig vorübergeschwebt; da sie aber einen sehr wichtigen Platz darin einnimmt, so wird es Zeit, sie zu skizziren.

Das physische Porträt dieses Mannes haben wir bereits entworfen. Wir haben seine gewaltige Stirn gezeigt, seinen so eigenthümlichen Blick, welcher, obschon sanft, doch durch seine Festigkeit und Schärfe endlich einen gewissen Grad von unbestimmter Scheu einflößte, gerade so wie der angenehmste Geruch zuletzt ein peinliches Gefühl erzeugt.

Seine großen blauen Augen vermochten den hellen Glanz des Tages nicht gut zu ertragen. Während der Conversation schloß er daher oft seine langen Augenlider und sagte, wenn er bemerkte, daß eine der Personen, mit welchen er sprach, daraus auf Unaufmerksamkeit oder Ermüdung von seiner Seite schloß:

„Sprechen Sie nur weiter. Auf diese Weise kann ich dem, was Sie mir sagen, besser folgen. Ich sehe Sie besser."

Er besaß eine Kraft des Scharfblickes und des Willens, deren Wirkungen zuweilen wunderbar waren.

So konnte er, wenn man mit ihm über philosophische oder metaphysische Themata, über die er sich sehr gern unterhielt, sprach, ungestraft und ohne Furcht den mindesten Widerspruch zu erfahren, die excentrischesten Ideen aufstellen, selbst wenn sie den allgemein als Wahrheiten anerkannten Meinungen schnurstracks zuwiderliefen.

Schon ehe er sie aussprach, strahlten diese Ideen von seiner Person aus wie ein feines Fluidum und durchdrangen das Gemüth seiner Zuhörer. Die Worte erweckten dann in ihnen seinen eigenen Gedanken, wovon sie den Keim schon in sich trugen, und erst lange nachher, nachdem seine Entfernung den Zauber gebrochen, gewahrte man diese Ueberrumpelung des Verstandes.

Unter anderm hatte der Graf Cardiano=Cardiani wohl zwanzigmal versucht, dieser verborgenen Kraft irgend welchen Widerstand entgegenzusetzen und zwanzigmal war er derselben erlegen. Um sie recht begreiflich zu machen, möchte man sie mit den Einflüssen vergleichen, welche die sich der Ausübung des Magnetismus widmenden Personen auf ein häufig schlafendes Subject äußern.

Hier aber gab es weder Vorbereitungen, noch Wahl des Ortes, oder des Augenblicks, noch Striche; es gab blos eine allgemeine, immerwährende Handlung, welche von den physischen Phänomenen nichts entlehnt zu haben schien.

Was Savarus Anderen von seinem immateriellen Zustande mittheilte, wußte er ihnen auch zu entlehnen. Zu der Macht des objectiven Scharfblickes gesellte sich auch die Macht des subjectiven. Er errieth den Gedanken, als ob er den seinigen aufzunöthigen verstünde.

Er fühlte jedoch, daß diese zweite Fähigkeit bei ihm besser entwickelt war als die erste.

Uebrigens besaß er über den Menschen eine ganz eigenthümliche Theorie, die sich kurz folgendermaßen zusammenfassen läßt:

„Unsere Seele ist die Universalwissenschaft. Von der Materie befreit, weiß sie Alles, durchdringt sie Alles, umfaßt sie Alles. Der Mensch glaubt zu lernen, zu erfinden, aber er lernt oder schafft niemals etwas. Wenn er sich einbildet, in der Welt des Geistes eine Eroberung gemacht zu haben, so ist seine Seele blos mit gewaltiger Anstrengung in einen magern Theil ihres natürlichen Gebietes zurückgekehrt. Sie zerreißt ein kleines Stück des dichten Schleiers, der sie umgibt, um eine Ecke des unermeßlichen Horizonts zu gewahren, den nur der Tod ihr gänzlich öffnen wird."

Eben so sagte er:

„Der Mensch, welcher so eben gestorben, ist der Mensch, welcher so eben Alles erfahren hat. Jeder Schritt, den wir in der Wissenschaft thun, ist ein Schritt, mit welchem wir uns der Vernichtung der Materie nähern. Es gibt Augenblicke, wo meine Seele mir zu entfliehen scheint, um sich allen anderen Seelen und der großen Seele der Natur selbst zu assimiliren. Es sind dies rasche Blitze. Dauerten sie länger, so würden sie mich selbst zerschmettern."

Seinen Studien mit glühendem Eifer obliegend, hatte er nach Verlauf einiger Jahre die Wissenschaft in allen ihren materiellen Anwendungen erforscht. Die geschichtlichen Forschungen, die Formen der Literatur, die Meisterwerke der Kunst, die Thatsachen und die Plastik interessirten ihn nicht mehr. Er hatte sich mit Fenereifer auf die Metaphysik geworfen.

Nachdem er alle von der immateriellen Welt handelnden Schriften von Plato an bis auf Kant studirt, stellten ihn die Elemente des Spiritualismus, die er daraus ziehen konnte, um sich eine Theorie zu bilden, nicht zufrieden.

Nun wendete er sich den Thaumaturgen, den Mysti=
kern, den Schwärmern zu. Er behauptete bei ihnen Schätze
entdeckt zu haben, welche weit kostbarer wären als die
Theorien der berühmtesten Philosophen.

„Man behandelt diese Männer als Narren, als Be=
trüger, als schädliche Träumer," sagte er, „als ob man in
der Welt des Idealismus mit dem, was man die mensch=
liche Vernunft nennt, weiterkommen könnte. Gerade der
Verirrung ihres Geistes verdanken wir jene vereinzelten
Einblicke in die übersinnliche Welt, welche die Metaphysik
nicht zu definiren vermag."

Andererseits besaß Savarus den ganzen religiösen
Glauben eines Christen. Zuweilen gesellte er dazu einige
den alten Philosophen Indiens und Griechenlands ent=
lehnte Lehren. Ohne ein Anhänger der Lehre von der See=
lenwanderung zu sein, glaubte er doch, daß nach unserem
Tode die Seele nicht unmittelbar zu Gott, ihrem Urquell,
zurückkehrt, sondern daß sie, weil sie sich unter ihrer kör=
perlichen Hülle mit materiellen Verrichtungen und anderen
vergänglichen Existenzen vermischt hat, einige Zeit über der
Erde schweben bleiben muß, um sich von ihren letzten Ban=
den an die geschaffene Welt gänzlich frei zu machen.

Aus diesem Grunde hatte er eine große Vorliebe für
Begräbnißplätze. Die Kirchhöfe besaßen für ihn einen ganz
besondern Reiz, der aber nichts von jenem düstern, unheim=
lichen Charakter hatte, welchen gewisse Schriftsteller, wie
zum Beispiele Young in seinen „Nachtgedanken", ihren Be=
trachtungen gegeben haben. Er wandelte gern unter Grä=
bern. Oft weilte er hier stundenlang, um seinen Gedanken
nachzuhängen, aber nicht über den Tod oder über die Zer=

störung des Menschen, wie man vielleicht glaubt, sondern über das Leben, über die großen moralischen Interessen der Menschheit.

Seiner Ansicht nach entwickelte sich in diesen Asylen der Ruhe der Gedanke weit mächtiger und kühner. Hier konnte er ungehemmten Aufschwung nehmen, weil sich hier eine umfangreiche Atmosphäre jener gemischten und subtilen Geister bildet, welche von einigen Gelehrten mit dem Namen Nervenfluidum bezeichnet worden, und welche dazu dienen, die Seele mit der äußeren Welt in Verbindung zu setzen.

Ebenso war er überzeugt, daß die alten orientalischen Gesellschaften die Nationen Egyptens und Indiens, ihren Verfall, ihren Untergang und die Vernichtung ihrer Civilisation nur dem Mangel an Kirchhöfen und der Gewohnheit, die Todten zu verbrennen oder einzubalsamiren, verdankten, weil die Verbrennung diese Geister zerstöre oder zu rasch in dem Raume zerstreue, während eben so die Mumie nichts dem gemeinsamen Behälter zurückgibt, aus welchem die Natur unaufhörlich schöpft, um das Wesen zu schaffen.

Wir haben bereits gesagt, daß der Doctor Savarus in strenger häuslicher Zurückgezogenheit lebte, daß er niemals Briefe oder Besuche empfing.

Seit einiger Zeit jedoch schien er in diesen seinen Gewohnheiten eine Ausnahme zu machen. Es kam oft ein Mann zu ihm, mit welchem er sich stundenlang einschloß.

Dieser Besucher war Niemand anders als Peyrotte, und wenn man sich der Schilderung erinnert, die wir von diesem Manne entworfen, so wird man begreifen, daß seine

Gegenwart bei Savarus nicht geeignet war, die Gerüchte zu zerstreuen, welche unter den übrigen Bewohnern der Place Royal bereits in Umlauf waren und welchen zu Folge der Miethinhaber des Pavillons Nr. 32 Beziehungen mit der übersinnlichen Welt und den verborgenen Mächten unterhielt.

Eines Morgens fand Peyrotte sich ebenfalls ein.

„Der Graf Cardiano-Cardiani," sagte er zu Savarus, „bereitet ohne Zweifel irgend eine neue Intrigue vor, und diesmal ist auch mein Name in dieselbe verflochten."

„Woher wissen Sie das?"

„Gestern suchte sein treuer Helfershelfer, Filoche, mich auf. Ich habe Ihnen schon gesagt, daß er, als er mir, Sie wissen schon was, lieferte, sich bei mir für einen Lohndiener des Hotel Dieu ausgab."

„Ich weiß aber auch, daß Sie diese grobe Lüge nicht glaubten," sagte Doctor Savarus in strengem Tone.

Peyrotte fuhr, ohne, wie es schien, diese Bemerkung zu beachten, fort:

„Er meldete mir, daß er, nachdem er seinen bescheidenen Posten verlassen, in den Dienst eines reichen vornehmen Herrn getreten sei, an welchen man ihn empfohlen habe. Dieser vornehme Herr habe großes Interesse daran, die genauen Einzelheiten eines Ereignisses kennen zu lernen, welches vor etwa fünfzehn Jahren in Paris geschehen sei, und er sei beauftragt, den Doctor Peyrotte aufzusuchen, der bei diesem Ereignisse die Hand mit im Spiele gehabt haben solle. „Ich dachte sogleich an Sie, Herr Louis," sagte Filoche zu mir. „Sie haben diesen Doctor vielleicht gekannt. Er beschäftigte sich ebenso wie Sie mit dem Magnetismus, und Sie würden eine ansehnliche Belohnung erhalten, wenn es Ihnen gelänge, seine Spur ausfindig zu machen!"

"Und was haben Sie ihm geantwortet?"

"Daß dieser Name mir nicht bekannt sei."

"Und sagte er Ihnen dann nichts weiter?"

"Nein. In zwei oder drei Tagen will er wieder zu mir kommen, um das Ergebniß der von mir unternommenen Schritte zu hören."

"Wohlan, dann müssen Sie ihm sagen, Sie hätten von der fraglichen Person gehört."

"Von dem Doctor Peyrotte?"

"Ja, Sie könnten aber das, was Sie wissen, nur dem Grafen Cardiano-Cardiani vertrauen. Er wird Sie dann zu dem Grafen führen und Sie werden diesem sagen, daß Sie selbst der Mann sind, den er sucht."

Peyrotte machte eine unwillkürliche Bewegung.

"Fürchten Sie nichts," fuhr Savarus fort. "Ich stehe hinter Ihnen, und wen ich schütze, der kommt nicht um. Ich kenne die Angelegenheit, welche er verfolgt und die ihm Ihr Zeugniß und das einer andern Person nothwendig macht."

"Sie kennen also diese Angelegenheit schon?" rief der Skelettfabrikant.

"Es handelt sich um das Auffinden eines verlorengegangenen Kindes und wenn man es nicht wiederfindet — was wahrscheinlich ist — um das Unterschieben eines andern."

„Aber was für ein Ereigniß ist denn vor fünfzehn Jahren geschehen und in wiefern bin ich dabei betheiligt?"

„Entsinnen Sie sich noch des Hauses in dem Sackgäßchen des Vignes?" fragte Savarus.

„Das war Lambert's Haus."

„Entsinnen Sie sich auch noch Jacques Herbin's und der Gräfin von Givré?"

„Was sagen Sie da? Woher wissen Sie?"

„Und jener entsetzlichen Nacht, wo der Abbé mit Hilfe einer höllischen Wissenschaft, die er Ihnen verdankte, eine arme Mutter namenlos unglücklich machte?"

„Aber sind Sie denn der leibhafte Teufel?" rief Peyrotte.

„Das sagte Jacques Herbin zu Ihnen, als Sie ihm das Mittel zur Vollführung seines Verbrechens entdeckten."

Peyrotte schlug die Augen nieder.

„Wohlan, Jacques Herbin hatte das Kind der Gräfin gestohlen und wollte es ihr nur zurückgeben, wenn sie es durch ihre Schande erkaufte. Laura aber hatte sich desselben bemächtigt und nach dem tragischen Tode Herminens von Givré behielt sie dieses Kind, um sich vollständig an dieser Familie zu rächen, deren Haupt, der Graf von Givré, sie entehrt hatte."

„Das ist Alles wahr," murmelte Peyrotte. „Wenn Diana noch lebte, so wäre sie die Erbin großer Besitzthümer."

„Daran hatte Laura nicht gedacht. Laura dachte an weiter nichts als an Befriedigung ihres unversöhnlichen

Hasses. Der Zufall hat das Geheimniß dieser Katastrophe in die Hände des Grafen Cardiano=Cardiani fallen lassen und er verlangt nun um jeden Preis eine falsche Diana von Givré. Deshalb will er den Doctor Peyrotte ausfindig machen, welcher alle näheren Umstände dieser Angelegenheit kennt."

"Aber Laura, Lambert's ehemalige Geliebte, weiß noch mehr davon, denn die Kleine ist bis zu ihrem zwölften Jahre in ihren Händen geblieben. Diese Frau lebt gegenwärtig bei mir."

"Auch das wußte ich. Sie werden darüber mit dem Grafen Cardiano=Cardiani sprechen."

Sobald Peyrotte Abschied von Savarus genommen, der ihn in einer Art Arbeitszimmer empfangen, dessen Wände ringsum mit Büchergestellen angefüllt waren und in dessen Mitte ein großer, mit Papieren, Manuscripten, Büchern und zerstreuten Notizen bedeckter Tisch von altem Eichenholz stand, ging Savarus in ein an dieses Zimmer stoßendes Toilettecabinet und kehrte nach einigen Augenblicken vollständig umgestaltet aus demselben zurück.

Er hatte sein gleichzeitig strenges und distinguirtes Costüm gegen saubere, aber beinahe gemeine und plumpe Kleider vertauscht. Er trug jetzt Brinkleider und eine große Jacke von grobem Tuch, eine Weste von wollenem Zeuge, lederne Kamaschen und schwere Schuhe.

Eine rothe Perrücke vervollständigte diese Verkleidung, in der er vollkommen unkenntlich war.

Dann nahm er einen tüchtigen Stock in die eine Hand und einen kleinen Sack, der eine Summe Geldes zu enthalten schien, in die andere.

Die Place Royale war in diesem Augenblicke beinahe leer. Man sah nur noch einige seltene Spaziergänger und zwei oder drei alte Leute, die auf den steinernen Bänken in der Nähe der Reiterstatue Ludwigs des Dreizehnten saßen.

Savarus machte die Runde um den Platz und prüfte aufmerksam alle Gesichter.

Nachdem er sich in dieser Hinsicht beruhigt zu haben schien, setzte er sich auf eine leere Bank und fing an die Vorübergehenden zu beobachten.

Nach Verlauf einer halben Stunde und als er überzeugt war, daß ihn Niemand belauschte, erhob er sich, verließ den Platz mittelst der Rue de l'Echarpe und ging weiter durch die Rue Vieille-Saint-Catharine, die Rue Saint-Antoine und so fort bis in die Rue Saint-Honoré, wo er ungefähr in der Mitte dieser Straße vor einem Hotel von schönem Aussehen stehen blieb.

Einige Wagen hielten an der Thür und mehrere Personen gingen in diesem Augenblick hinein.

Savarus folgte ihnen und trat mit ihnen in ein Wartezimmer, welches sich im Erdgeschoß des Hotels befand.

Dieses Wartezimmer führte in das Cabinet des Banquiers Louis Vernot.

Das Haus Louis Vernot und Comp. war kaum erst seit einigen Tagen eröffnet und schon behauptete es denselben Rang wie die ältesten Häuser von Paris, deren Ruf und Credit durch lange Praxis fest begründet worden.

Unter den Auspicien des Grafen Cardiano-Cardiani, der sich mit einer bedeutenden Summe dabei betheiligt, hatte das Betriebscapital des neuen Geschäftes eine ziemliche Höhe erreicht.

Eine Menge hochgestellter Personen hatten ihm beträchtliche Fonds zugetragen. Alles lächelte dem Sohne Nelly's, der sich seiner neuen Stellung würdig zeigte und an der Spitze eines zahlreichen Personals von Comptoiristen, welche organisirt und eingerichtet werden mußten, Eigenschaften entwickelte, die man bei dem jungen Beamten der allgemeinen Proviantcasse nicht vermuthet hätte.

Endlich ward Savarus bei dem Chef des Hauses Louis Vernot und Comp. vorgelassen.

»Mein Herr,« sagte er zu dem Bankier, »ich bin fremd in Paris. Ich wohne in dem Gatinais und bewirthschafte einen Meierhof in der Nähe von Fontainebleau. Ich habe soeben eine bedeutende Summe für ein verkauftes Grundstück bezahlt erhalten. Da ich nicht die Absicht habe, dieselbe sofort in meinen landwirthschaftlichen Unternehmungen anzulegen, so wünschte ich sie auf sichere Weise unterzubringen, und man hat mir zu diesem Zweck Ihr Haus empfohlen.«

Der angebliche Landwirth setzte nun seinen Geldsack auf einen Tisch, zog eine alte Brieftasche aus seiner Jacke, öffnete sie und zeigte ein ganz niedliches kleines Bündel Cassenbillets.

»Die Summe, die ich anlegen möchte, beläuft sich auf achtzehntausend Livres. Wäre es Ihnen gefällig, sich damit zu befassen?«

»Gehen Sie in das Bureau und verständigen Sie sich deshalb mit meinem Cassierer, der Ihre Einzahlung annehmen und Ihnen eine Empfangsbescheinigung ausstellen wird.«

»Ich bitte um Entschuldigung,« setzte Savarus mit anscheinender Verlegenheit hinzu; „aber — ich hätte — ehe ich diese Einzahlung bewirke — ich weiß nicht wie ich es Ihnen sagen soll — entschuldigen Sie einen Landmann, der die Manieren der Welt nicht kennt — Sie wissen wohl — wenn man nicht von Paris ist —"

„Erklären Sie sich ganz offen und ohne Scheu, mein Herr." sagte Louis Vernot.

„Sie erlauben es mir? Wohlan, dann möchte ich einige Aufschlüsse oder vielmehr einige Erklärungen über einen Umstand haben, der mit der Errichtung Ihres Geschäfts, dessen Ursprung ein noch ganz neuer zu sein scheint, im Zusammenhange steht."

„Allerdings haben wir unsere Geschäftsoperationen kaum erst begonnen."

„Man hat mir gesagt, der Graf Cardiano-Cardiani sei diesem Etablissement nicht fremd."

„Der Graf Cardiano-Cardiani ist in der That der eigentliche Gründer desselben."

„Ah!" rief Savarus.

„Und eben in Folge seines Einflusses, seiner Unterstützung und seiner Empfehlungen habe ich binnen wenigen Tagen mehr als sechs Millionen Livres in meine Casse fließen sehen."

„Mehr als sechs Millionen!" rief der Doctor und konnte eine Art peinlicher Bewegung nicht bemeistern.

„Das überrascht Sie wohl? Sie werden sich noch weit mehr wundern, wenn Sie erfahren, durch welche Umstände ich an die Spitze eines so bedeutenden Unternehmens gelangt bin. Hören Sie mich daher an, mein Herr, denn ich habe es mir zum Gesetz gemacht, meine Geschäftsfreunde, mögen sie sein, wer sie wollen, von Allem, was mich betrifft, in Kenntniß zu setzen. Da Sie mir Ihr Vermögen anvertrauen, so darf ich Ihnen auch nichts verschweigen."

Louis Vernot erzählte nun Savarus, wie er, kurz zuvor noch ein unbekannter, armer Subalternbeamter mit sechshundert Livres jährlich, sich plötzlich durch einen reichen, edlen Beschützer dieser armseligen Lage entrissen gesehen. Er ging hierbei in die kleinsten Einzelheiten seiner früheren Existenz und seiner Armuth ein, und unterließ hierbei nur Eins, nämlich von Meister Martin zu sprechen.

"Nun," sagte er, nachdem er mit seiner Erzählung fertig war, "kennen Sie meine Vergangenheit. Wenn Sie immer noch willens sind, uns Ihr Geld zu überlassen, so gehen Sie an die Casse."

"Herr Louis Vernot," rief Savarus, "Sie sind ein wackerer, rechtschaffener Mann. Sie verdienen glücklich zu sein und wer Sie betröge, würde sich einer abscheulichen That schuldig machen."

Als der Doctor das Hotel in der Rue Saint-Honoré wieder verließ, lenkte er auf demselben Wege, den er gekommen, seine Schritte nach dem Marais. Unterwegs dachte er, ohne auf das Schauspiel des Pariser Straßenlebens zu achten, über das nach, was Louis Vernot ihm gesagt.

"Hier," dachte er, "steckt eine neue Intrigue, irgend eine höllische Combination dahinter, deren Zweck ich noch nicht zu fassen vermag. Dieser junge Mann besitzt Ehre und Zartgefühl. Ein Mitschuldiger kann er nicht sein, ganz gewiß aber ist er in den Händen des Grafen Cardiano-Cardiani ein Werkzeug, welches dieser zerbrechen wird, nachdem er sich desselben bedient hat. Auch in dieser Beziehung gilt es also wachsam zu sein."

Der Doctor war in der Rue des Minimes angelangt, und ging gerade auf Nr. 13 zu.

Mouillebouche stand vor der Thür. Sobald er den vermeinten Landwirth erblickte, beeilte er sich in das Haus hineinzugehen, und Savarus trat beinahe gleichzeitig mit ihm in die Loge, welche der Portier sofort verschloß.

Das Erste, was der Doctor that, war, daß er Mouillebouche einen Louisd'or in die Hand drückte.

Der Portier schien durch dieses Geschenk keineswegs überrascht zu werden und sagte in jenem feierlichen Tone, den wir bereits kennen:

"Mein Herr, ich stehe ganz zu Ihrem Befehl. Vielleicht finden Sie, daß Ort, Stunde und Umstände sich zu einer ernsten Unterredung bewundernswürdig eignen; Pamela zündet eben die Laternen an —"

"Pamela?" fragte Savarus.

"Das ist meine Frau; ich habe sie Ihnen schon vorgestellt. Meine Tochter Minette studirt bei ihrem Gesangslehrer eine Piece, welche sie morgen vor einem zahlreichen Auditorium vortragen soll, und mein Sohn memorirt die Rolle, in welcher er zum ersten Mal aufzutreten gedenkt. Wir sind daher allein, und wenn Sie vielleicht Platz nehmen wollen —"

"Ist Frau von Linch zu Hause?" unterbrach ihn der Doctor.

"So eben ist sie mit Herrn Desescameaug zurückgekehrt."

"Ah! die Beiden gehen also jetzt mit einander aus?"

"Nun, das versteht sich! Sie stehen ja im Begriff mit einander in den heiligen Stand der Ehe zu treten. Das Aufgebot ist vorigen Sonntag durch den Pfarrer von Saint-Paul schon erfolgt."

"Dann ist also diese Heirat fest beschlossen? Ist Ursula nicht wieder zum Vorschein gekommen?"

"Die dicke Ursula treibt sich immer noch in der Nachbarschaft herum, mein Herr, und da es bis jetzt noch keinem Philosophen gelungen ist, das Frauenherz, diesen bodenlosen Abgrund, zu erforschen, so weiß man nicht, was sie im Schilde führt. Dennoch sollte es mich nicht wundern, wenn sie am Hochzeitstage einen kleinen Skandal anzettelte. Doch sehen Sie, da geht sie eben auf der Straße vorüber. Wäre sie nur einen Augenblick eher gekommen, so wäre sie dem Procurator und der Frau von Lincy Arm in Arm begegnet. Ha, ich glaube, da hätten wir einen niedlichen Auftritt erlebt!"

Der Doctor Savarus hörte aber nicht mehr auf Mouillebouche. Er stürzte aus der Loge heraus, auf die Straße, wo er die ehemalige Haushälterin des Herrn Desescameaur sehr bald einholte.

Die dicke Ursula, that, als sie sich auf diese Weise durch einen Unbekannten angehalten sah, als ob sie glaubte, man wolle sie verführen.

"Lassen Sie mich gehen, mein Herr; ich bin ein rechtschaffenes Mädchen," sagte sie zu Savarus.

"Das will ich auch nicht bezweifeln," entgegnete der Doctor. "Deswegen aber heiratet Herr Desescameaur Sie doch nicht und es steht vielmehr eine Abenteurerin im Begriff Ihnen den alten Procurator auf immer zu rauben."

"Dann kennen Sie also Herrn Desescameaux?" fragte Ursula, indem sie den Doctor mit dem Blicke maß.

"Ich kenne auch Frau von Lincy. Wollen Sie sich vielleicht an dieser Frau rächen und Ihren ganzen Einfluß auf Ihren ehemaligen Dienstherrn wiedergewinnen?"

"Aber wer sind Sie?"

"Das ist gleichviel, dafern ich Ihnen nur einen guten Rath gebe. Hören Sie mich aufmerksam an. Frau von Lincy heißt eigentlich ganz einfach Olympia. Es gibt irgendwo in der Welt einen gewissen Chevalier von Roswil, der ihr Geliebter gewesen ist und sich sehr freuen würde, sie wiederzufinden. Sie verstehen mich wohl? Bemühen Sie sich, den Chevalier ausfindig zu machen und theilen Sie ihm mit, wo sich jetzt die Treulose befindet, die ihm entflohen ist, um Ihnen auf so unverschämte Weise die Liebe Ihres Procurators zu rauben."

"Und wo kann man diesen Chevalier sprechen?"

"Hier ist seine Adresse," sagte Savarus, indem er ihr ein Papier zustellte. "Beeilen Sie sich aber, denn er wohnt gegenwärtig auf dem Lande und wenn er zu spät erschiene, so wäre vielleicht die Heirat mittlerweile vollzogen."

"Sie heißt also Olympia?"

"Ja wohl; sie ist eine Person, welche weiß, wie es in einer Ballnacht im Opernhause zugeht."

"Entsetzlich!" rief die keusche Ursula. "Ich danke Ihnen für Ihren guten Rath. Ich werde denselben benutzen."

Und sie machte sich sofort auf den Weg.

Der Chevalier von Roswil, der nach der Flucht seiner Gattin und dem Verschwinden seiner Geliebten von der fürchterlichsten Langweile gemartert ward, hatte, nachdem er einige Tage auf einem seiner Güter zugebracht, bemerkt, daß die Einsamkeit seinen Kummer nur noch mehr entwickelte.

Er war daher so eben nach Paris zurückgekehrt — mit dem Entschluß, Zerstreuung und Trost in dem Vergnügen zu suchen.

Ursula's Besuch und was sie ihm mittheilte, setzte ihn in das größte Erstaunen. Wohl zwanzigmal ließ er sich von Herrn Desescameaux' ehemaliger Haushälterin das Porträt Olympia's oder Pelagie's zeichnen.

Es stand außer allem Zweifel — sie mußte es sein.

Er verschob die völlige Aufklärung nicht bis auf den andern Tag, sondern begab sich sofort in fieberhafter Aufregung nach der Rue des Minimes.

Zehntes Capitel.

Das Haus der Frau von Saint-Phar.

Als der Chevalier von Roswil vor Nr. 13 in der Rue des Minimes anlangte, war es schon Nacht. Er ging rasch die Treppe hinauf, nachdem er den Namen der Frau von Lincy dem Portier Mouillebouche zugeworfen, der ihm aus dem Hintergrunde seiner Loge nachschrie:

„Zwei Treppen links."

Georges fand die Thür angelehnt und trat ein.

Nachdem er ein kleines Vorzimmer, einen Speisesaal und einen Salon durchschritten, ohne Jemanden zu finden, der ihn angemeldet hätte, hob er leise einen Thürvorhang und blieb einige Augenblicke unbeweglich und stumm vor dem Anblick, der sich hier seinen Augen darbot.

In einer Art ziemlich elegantem Boudoir, welches von einer innerhalb einer Glocke von mattgeschliffenem Glase brennenden Flamme beleuchtet wird, sitzt eine Dame auf einem Sopha. Ihre Schultern sind entblößt und ihr langes blondes Haar aufgelöst. Ihre beiden gefalteten Hände ruhen auf dem Knie. Ihr Haupt ist gesenkt, die Bewegung der Brust hebt die Falten ihres Gewandes. Ihr Athemzug ist gepreßt und Thränen schimmern in ihren Augen. Sie scheint in die innere Betrachtung ihrer Schmerzen versunken zu sein und der Chevalier kann sie aufmerksam betrachten, ohne daß sie seine Nähe ahnt.

„Ja, sie ist es," dachte Herr von Roswil. „Aber jenes Weib hat mich betrogen. Olympia ist unglücklich, sie hat geweint; vielleicht bin ich ihren Gedanken nicht fremd."

Er kann nicht länger widerstehen, er läßt den Thürvorhang fallen und nähert sich Pelagie.

„Olympia!" sagt er leise.

Pelagie schlägt bei dem Anblick des Chevalier die Augen auf, fährt empor, will sprechen, murmelt einige unartikulirte Töne und sinkt ohnmächtig in seine Arme.

Georges von Roswil ruft sie durch seine Liebkosungen wieder in's Leben zurück, küßt ihre schöne Stirn und ihre bleichen Lippen.

Pelagie kommt wieder zu sich, stößt einen Schreckensruf aus und flieht bis an das äußerste Ende des Boudoirs in die Nähe des Fensters.

„Sie! Sie hier?" fragt sie. „Um Gottes willen, was wollen Sie hier?"

„Olympia! Warum diese Angst, diese Furcht?"

„Ich heiße nicht Olympia."

„Dann hat jene Person mich also wirklich nicht belogen? — Sie sind die angebliche Frau von Lincy?"

„Ich bin weder Olympia noch Frau von Lincy," entgegnete sie in wildem Tone. „Ich bin Pelagie, eine Verworfene, von welcher Sie belogen und betrogen worden sind und die Sie verachten müssen."

Der Chevalier näherte sich ihr, ergriff ihre Hand und sagte in sanftem Tone:

„Der Schmerz, dessen Ursache ich nicht erkenne, regt Sie allzusehr auf. Sie verleumden sich selbst. Die elegante, distinguirte, geistreiche und liebenswürdige Dame, die ich gekannt, das Weib, welches mich so glücklich gemacht und mir so wonnige Genüsse bereitet hat, kann nicht das sein, was Sie sagen. Olympia oder Pelagie! — gleichviel welchen Namen Sie führen — ich habe Ihr Herz kennen gelernt und dieses Herz, welches ich so oft schlagen gefühlt, war kein verworfenes."

„Schweigen Sie," unterbrach ihn Pelagie. „Sehen Sie denn nicht, daß die Erinnerung an eine Vergangenheit, die nur eine Lüge, eine unwürdige Komödie war, mir die Schamröthe ins Gesicht treibt? O gehen Sie, gehen Sie und überlassen Sie mich meinem unglücklichen Schicksal."

„Ich sollte Sie so verlassen, ohne die Lösung dieses Geheimnisses zu erfahren? Hoffen Sie das nicht. Sie wissen nicht, was unser Verhältniß mich gekostet hat."

„Was wollen Sie damit sagen?"

„Meine Gemalin fand alle Ihre Briefe, jene reizenden Briefe, welche Sie mir schrieben, um mich über Ihre Abwesenheit zu trösten, um mich die nur zu seltenen Augenblicke, die Sie mir gewährten, noch einmal in der Erinnerung genießen zu lassen, und jetzt bin ich allein, denn meine Gattin hat mich verlassen. Ich habe daher das Recht, von Ihnen Rechenschaft für mein Glück zu fordern; ich habe das Recht zu erfahren, wer Sie sind."

„Ich habe es Ihnen schon gesagt, mein Herr. Ich bin eine Verworfene und der Liebe eines rechtschaffenen Mannes unwürdig. Ich bin Ihnen entflohen, weil ein Elender mir drohte, Sie von meiner Vergangenheit in Kenntniß zu setzen. Fragen Sie mich nichts weiter."

„Aber diese Heirat, die Sie mit einem alten Mann eingehen wollen, dieses Complott, um sich seines Vermögens zu bemächtigen, diese schimpfliche Speculation —"

Pelagie bedeckte sich das Gesicht mit beiden Händen.

„Wer hat Sie denn so gut unterrichtet?" fragte sie.

„Die ehemalige Haushälterin des Herrn Desescameaux."

„Ursula?"

„Ja, diese Ursula, welche ohne Zweifel selbst lüstern nach dem Gold des alten Procurators war."

„Wohlan, alles dies ist wahr," sagte sie in kurzem, entschlossenem Tone. „Ich bin hiehergekommen, um diesen

Mann zu betrügen, um seine Leidenschaften zu erwecken, um auf seine Laster zu speculiren, um ihm sein Vermögen zu rauben. Sie sehen, daß ich noch viel verworfener bin, als Sie glaubten.«

Der Chevalier schwieg einige Augenblicke und betrachtete Pelagie's kummervolles Antlitz.

Wäre sie weniger schön, wäre dieses Gesicht nicht ein vollkommenes Musterbild, wäre es nicht von üppigem, blondem, seidenweichem Haar umrahmt gewesen, hätte dieses blaue, in Thränen schimmernde Auge, diese feingeformte Nase, dieser so regelmäßig gezeichnete Mund, das reine Oval der Wangen nicht Begierde eingeflößt, so wäre Pelagie unwiederbringlich verloren gewesen. Es ist vielleicht traurig, es sagen zu müssen, aber für ein Weib ist die Schönheit ein mächtigerer Fürsprecher als die besten Eigenschaften des Geistes, und die Geschichte der griechischen Courtisane, welche, um ihre Richter von ihrer Unschuld zu überzeugen, ihren Gürtel löst und dem strengen Tribunal ihre entblößten Reize zeigt, diese Geschichte wird stets neu und stets wahr bleiben.

Der Chevalier fühlte sich ergriffen. Die Leidenschaft erfüllte sein Herz noch mit der ganzen Energie früherer Tage.

Er gedachte des Wonnetaumels, in welchem ihn die angebliche Olympia so oft gewiegt, an jene freudenreiche und doch so schnellvergangene Nacht auf dem Balle der großen Oper, wo in einem traulichen tête-à-tête die Unbekannte ihn bald durch ihren lebhaften, heitern, funkensprühenden Witz, bald durch ihr schmiegsames, zartes Wesen entzückt.

Er erinnerte sich jenes langen Wartens, welches dem ersten Rendezvous auf der Terrasse von Saint-Germain vorausging, und seiner Aufregung, als er endlich seine Eroberung erscheinen sah, seines durch den Anblick ihres herrlichen Antlitzes fast geblendeten Blickes und aller Zusammenkünfte, die auf jenen Tag der Liebe gefolgt waren.

Sie war nicht die vornehme Dame, für die er sie gehalten, sie hatte ihn in Bezug auf ihre Stellung getäuscht, aber war sie deswegen weniger schön? Hatte sie ihn weniger geliebt? Liebte sie ihn noch jetzt weniger?«

Besiegt durch die Macht der Schönheit und der Erinnerung, umschlang er Pelagie mit dem Arm, neigte seinen Kopf auf ihre Schulter und sagte leise und ein wenig zitternd:

»Pelagie, ich liebe Sie immer noch. Wer Sie auch sein mögen, so kann ich hinfort nicht ohne Sie leben. Ihre Gegenwart ist mir also ebenso nothwendig wie die Luft, die ich athme. Wenn Sie wüßten, welche Leiden Ihr grausamer Brief mir bereitet hat. Warum zweifelten Sie an mir?«

Beim Anhören dieser sanften Worte verliert Pelagie ihre ganze erkünstelte Energie. Sie taumelt, sie sinkt beinahe zusammen, Georges von Roswil aber hält sie aufrecht und läßt sie neben sich Platz nehmen.

»Du hättest mir Alles sagen sollen, Kind. Heute will ich weiter nichts wissen, als ob Du mich noch liebst. Ich verlange von Dir nur ein einziges Versprechen, nämlich, dieses Haus, in welches man Dich, wie ich überzeugt bin, blos gebracht, um Dich zum Werkzeug eines schwarzen Complottes zu machen, so schnell als möglich zu verlassen.«

„Georges! Herr von Roswil!" rief Pelagie, die endlich die Sprache wiederfand, „Sie sind der edelste und großmüthigste aller Menschen. — Ich will Ihnen Alles sagen, da Sie mir Alles verziehen haben. Vielleicht, nachdem Sie mich gehört, finden Sie mich mehr beklagenswerth als strafbar und schenken mir Ihre Freundschaft. Warten Sie einen Augenblick."

Mit diesen Worten erhob sie sich, ging an ein kleines Möbel, von dessen Schubfächern sie eines öffnete, und kehrte dann mit einem Medaillon in der Hand zu dem Chevalier zurück, neben welchem sie wieder Platz nahm.

Das Medaillon war ein sehr feines Miniaturgemälde, das Bildniß einer jungen Frau von seltener Schönheit. Ihr Kopfputz und der Schnitt ihres Kleides verrieth, daß sie den höheren Ständen der Gesellschaft angehört hatte.

Herr von Roswil betrachtete das Bild einige Augenblicke und sagte dann zu Pelagie:

„Dieses Porträt hat große Aehnlichkeit mit Ihnen — wäre es vielleicht das Ihrer Mutter?"

„Ich weiß es nicht," entgegnete Pelagie, „aber ich habe den Beweis, daß es meiner Familie angehört, meiner Familie, die ich niemals gekannt und die ich vielleicht nie kennen werde. Ehe ich Ihnen meine für mich so schmerzlichen Geständnisse ablegte, wollte ich Ihnen diesen Zeugen meiner Kindheit vorführen. Es ist mir als gewänne ich dadurch wieder ein wenig Selbstvertrauen. Ohne Zweifel bin ich zu einem andern Schicksal geboren, als welchem ich anheimgefallen bin."

„Wie sind Sie zu diesem Porträt gekommen?"

„Sie sollen es sogleich erfahren. Vorher aber und da ich von meiner Kindheit gesprochen, lassen Sie mich in meiner Erinnerung noch weiter zurückgehen. Diese Erinnerungen sind allerdings sehr unbestimmt und flüchtig. Sie sind mir geblieben wie ein Traum, und wenn ich meine Gedanken nur ein wenig darauf verweilen lasse, so verwirren sie sich und verschwimmen in einander. Mehr als einmal habe ich mich sogar gefragt, ob sie nicht die Ausgeburt meiner Einbildungskraft seien. Die Beharrlichkeit aber, womit sie unter gewissen Umständen wiederkehren, hat mir endlich die Ueberzeugung gewährt, daß sie in der That der wirklichen Welt angehören. — Zuerst sehe ich mich ganz klein unter großen Bäumen in einer reizenden ländlichen Umgebung; ich höre den Gesang der Vögel und mehrere Gestalten bewegen sich um mich herum und bewachen meine Schritte. Die eine ist sanft, wohlwollend und hat etwas von den Engeln, die man in der Kirche gemalt sieht, die andere dagegen ist ernst und streng. Außerdem sehe ich reichgekleidete Männer. — Diese erste Erinnerung ist die unbestimmteste. Die zweite versetzt mich in ein großes Haus von ödem, ehrfurchterweckendem Ansehen. Obschon ich immer noch klein bin, so ist meine Wahrnehmungsgabe doch schon geübter und ich glaube die schwarzgekleidete Dame dieses Medaillons zu erkennen."

Der Chevalier hörte aufmerksam zu.

„Haben Sie," sagte er, „zwischen diesen fernen Lichtblicken Ihrer Kindheit und den Epochen, die sichere Spuren in Ihrem Gedächtniß zurückgelassen, keine Uebergangslinien gefunden?"

„Nein," antwortete Pelagie, „mein Gedächtniß hat gleichsam eine Leere, eine große Lücke, und ich sehe mich plötzlich in einer ganz andern Umgebung als der, welche ich nach jenen unbestimmten Eindrücken errathe. Ich bin immer noch auf dem Lande, aber in einer elenden Wohnung bei gemeinen Bauersleuten. Eine Frau, die sich meine Mutter nannte, die aber, wie ich später erfuhr, mich durchaus nichts anging, besuchte mich in langen Zwischenräumen. Ich zählte sechs oder sieben Jahre, als sie mich von diesen armen Leuten hinwegnahm, um mich nach Paris zu bringen. — Welch' ein seltsames Haus war das meiner angeblichen Mutter!"

„Und wie hieß diese Frau?"

„Frau von Saint=Phar. Dies war jedoch nur ein angenommener Name, ihren wirklichen habe ich niemals gekannt. Innerhalb weniger Tage gingen wir aus dem größten Mangel und von Entbehrungen aller Art zu dem verschwenderischsten Luxus über. Bald lebten wir in fast vollständiger Einsamkeit und Zurückgezogenheit und empfingen kaum den Besuch einiger Leute von seltsamem Aussehen, deren zweifelhafte Toilette ihre beschränkten Mittel hinreichend verrieth; bald füllten sich die beiden Salons, welche Frau von Saint=Phar prachtvoll möblirt, mit Blumen und Licht. Eine glänzende Gesellschaft zeigte sich darin alle Nächte; man tanzte, man spielte. Dann zog man mir schöne Kleider an, man schminkte mich und schleuderte mich mitten unter diese Menge von zweideutigen Damen, Abenteurern, Wüstlingen und ohne Zweifel Gaunern hinein, denn Frau von Saint=Phar hielt ein Spielhaus, welches der gewohnte Sammelplatz ruinirter Familiensöhne, galanter Frauen und berüchtigter Spieler von Profession war. Hier hörte ich eine Sprache, die ich noch nicht verstand, Redensarten, die mich nicht erröthen machten, die mich aber, ohne daß ich es selbst wußte, entsittlichten und mir später nichts mehr zu lernen übrig ließen. Uebrigens wußte ich auch nicht, daß es noch eine andere Gesellschaft gab als die unsrige, andere Frauen als die, welche ich sah, andere Männer als die, welche uns ihr Geld brachten.

„Armes Mädchen!" murmelte Herr von Roswil.

„Ja, in der That, armes Mädchen, aber Sie kennen mein Unglück noch nicht in seinem ganzen Umfange. Obschon ich nichts von dem wußte, was außerhalb dieser Welt des Lasters und der Schande vorging, so fühlte ich in mir doch etwas, was sich gegen eine solche Existenz empörte, einen unüberwindlichen Widerwillen gegen dieses Leben, und obschon noch Kind rief ich oft während langer schlafloser Nächte den Tod herbei. Wenn Frau von Saint-Phar, der ich diese Anwandlungen von Traurigkeit und Verzweiflung sorgfältig verbarg, dieselben entdeckt und mich nach der Ursache gefragt hätte, so hätte ich ihr nichts antworten, nichts erklären können. Ich wußte weder warum ich verzweifelte, noch warum ich weinte, noch warum ich mir den Tod wünschte."

„Und bis zu welchem Alter blieben Sie in diesem Hause?"

„Ich zählte dreizehn oder vierzehn Jahre, als ich diese Frau verließ und dies geschah auf folgende Weise. Seit einiger Zeit war unsere Existenz eine förmliche Hölle geworden. Ich weiß nicht, welches tragische Ereigniß zwischen einigen gewohnten Besuchern unsers Salons stattgefunden, gewiß aber ist, daß die Polizei denselben hatte schließen lassen. Ein gewisser Chevalier von Lamion, der uns oft besuchte und über Frau von Saint-Phar eine große Autorität zu besitzen schien, machte ihr einen Vorschlag, der unsere Abreise nach der Provinz nothwendig machte. Sie verkaufte alle Möbel, alle Schmucksachen, das, wie ich mich entsinne, sehr schöne Tafelgeschirr, und es ward auf diese Weise eine ziemlich bedeutende Summe realisirt. Der zu dieser Abreise bestimmte Tag war da; der Chevalier von Lamion, der es übernommen, alle deswegen erforderlichen Vorbereitungen zu treffen, kam aber nicht zum Vorschein. Stunden vergingen, es ward Abend und Frau von Saint-Phar gerieth fast in Verzweiflung. Wir wohnten schon seit einer Woche in einem Gasthause, um den Verkauf unseres Mobiliars desto leichter bewirken zu können. Am nächsten Tage sahen und hörten wir immer noch nichts von dem Chevalier und am dritten Tage warteten wir eben so vergebens. Kurz, es stellte sich heraus, daß der Elende uns betrogen und daß er den Plan zu einem angeblichen Etablissement in der Provinz blos ersonnen, um seine frühere Mitschuldige zum Verkaufe ihrer ganzen Habe zu verleiten und sich dann des Erlöses zu bemächtigen. Die wenigen hundert Livres, welche Frau von Saint-Phar noch bei sich hatte, waren bald ausgegeben, und nun begann für mich die Hölle, von welcher ich vorhin sprach. — Ich ermüde Sie aber wohl durch alle diese für Sie uninteressanten Einzelheiten?« fragte Pelagie, sich unterbrechend.

»Nein, Sie ermüden mich nicht. Fahren Sie in dieser Erzählung fort. Sie sind mir die ganze Geschichte Ihrer Vergangenheit schuldig. Sie haben mir dieselbe versprochen."

"Die ganze? die ganze?" rief sie. "O hoffen Sie das nicht. Sie würden nicht so grausam sein, dies zu verlangen!"

"Sie haben mir aber noch nicht erzählt, wie Sie von jener Frau hinweggekommen."

"Wir lebten in fortwährender Noth, von einem Tag zum andern. Die Gemüthsart der Frau von Saint-Phar hatte sich durch diese Vorgänge sehr verschlimmert. Sie hatte gegen mich einen unversöhnlichen Haß gefaßt, überhäufte mich mit Beleidigungen und schlug mich auf die geringste Veranlassung hin. Ich setzte dieser Brutalität eine Art passive Sanftmuth entgegen, welche sie noch mehr erbitterte. Sie glaubte, meine stille Ergebung sei Gefühllosigkeit, und eines Tages ging sie in einer Anwandlung von Wuth so weit, daß sie zu mir sagte: "Elende, ich habe Dich bei mir aufgenommen, um Dich zur unglücklichsten der Frauen zu machen, aber Du hast ein Herz von Marmor. Wohlan, ich werde Dich umbringen. Dies wird schneller geschehen sein." Sterben aber wollte ich nicht, und kurze Zeit nachher benutzte ich eine augenblickliche Abwesenheit meiner Peinigerin, packte schnell einige Kleidungsstücke zusammen und ergriff die Flucht."

"Und was ward aus Ihnen, in Ihrem Alter, ohne Verwandte, ohne Bekannte in dieser großen Stadt?"

"Ich ward, was Sie sich denken können. Wie konnte ich auch etwas Anderes werden? Welche traurige Existenz, welche Bitterkeit, welche Thränen mitten unter den leichtfertigen Vergnügungen, welche mir nun von allen Seiten zu Theil wurden! Wie alle meines Gleichen, hatte ich einen Tag lang meine Triumphe, dann kam die Vergessenheit, die Vernachlässigung, das Elend. — Damals war es, wo ich Sie kennen lernte, und wo ein für mich neues Gefühl in meiner Brust erwachte. In jener Nacht, welche wir mit einander auf dem Balle zubrachten, entwarf ich einen wunderlichen Plan. Ich war Ihnen mit dem ganzen Blendwerke der Unschuld erschienen. Ich beschloß diese Situation zu verlängern und fortan mein Leben in zwei Hälften zu theilen, von welchen die eine die Verwirklichung jener unklaren Instincte wäre, welche mir selbst mitten in meiner Schande nicht untreu geworden waren. Verzeihen Sie mir, Georges. Ist die Liebe, welche Sie mir eingeflößt haben, nicht eine genügende Ursache?«

»Aber,« fragte der Chevalier, »wie kommen Sie unter dem Namen einer Frau von Lincy hierher?«

»Dies ist eine der traurigsten Episoden meines Lebens. Eines Tages kam ein Mann, welcher über seine Umgebung eine furchtbare Macht ausüben muß, zu mir und sagte: Sie werden meinen Plänen dienen. Sie werden mir blindlings gehorchen, oder ich zerstöre mit einem einzigen Worte das ganze erkünstelte Glück, welches Sie sich bereitet haben. Ich kenne Ihre Intrigue mit dem Chevalier von Roswil und ich werde Ihnen sagen, wer Sie eigentlich sind. An diesem Tage beging ich einen Fehler, Georges, einen Fehler, der größer war als alle, die ich bis dahin begangen. Ich hätte lieber den Tod wählen, als auf diesen schimpflichen Vertrag eingehen sollen, aber ich hatte den Kopf verloren, ich dachte nur an Eines — nicht vor Ihnen erröthen zu müssen, vor dem einzigen Menschen, der jemals eine aufrichtige Anhänglichkeit für mich gehegt. Ich ging auf den Handel ein und schrieb Ihnen jenen Brief, der nach meiner Meinung ein ewiges Lebewohl sein sollte.«

»Sie haben mir noch nicht den Namen jenes Mannes genannt.«

»Ich werde Ihnen denselben auch nicht nennen, mein Freund,« rief Pelagie. »Sie haben mir verziehen — dies ist mehr, als ich vom Glück erwartete. Sagen Sie mir noch einmal, daß Sie mich nicht verachten, daß Sie für mich in Ermangelung jener Liebe, die ich einem redlichen Herzen nicht mehr einflößen kann, ein wenig Mitleid fühlen, und überlassen Sie mich meinem unglücklichen Schicksal.«

»Nein, ich werde Dich demselben nicht überlassen,« unterbrach der Chevalier. »Warum willst Du mir nicht den Elenden nennen, welcher deine Schwäche gemißbraucht hat?«

»Weil ich fühle, daß Sie dadurch in große Gefahr gerathen würden. Ich habe es Ihnen schon gesagt, dieser Mann besitzt eine furchtbare Macht. Er würde Sie mit seinem Haß, seinem Zorn verfolgen —«

»Es gibt ein Mittel, diese Gefahren, welche Du vielleicht übertreibst, zu meiden.«

»Und was wäre dies für ein Mittel? Sprechen Sie.«

»Es besteht darin, daß Sie dieses Haus fliehen und sich in tiefe Zurückgezogenheit begraben. Ich werde ein sicheres Asyl ausfindig machen, von welchem Niemand eine Ahnung hat, und eine Zeitlang in Paris bleiben, um alle Nachforschungen zu vereiteln.«

»Wohlan,« entgegnete Pelagie, nachdem sie einige

Augenblicke nachgedacht, „kommen Sie morgen wieder hierher. Sie haben ein edles, großmüthiges Herz, Georges. Ich will nicht, daß Sie sich zu irgend einer Uebereilung hinreißen lassen, die Sie später bereuen könnten. Wenn Sie aber morgen noch derselben Meinung, wenn Sie dann immer noch entschlossen sind, mich dem Abgrund, in den ich gestürzt bin, zu entreißen, so werde ich Ihnen blindlings gehorchen."

Eilftes Capitel.

Die Entführung.

In derselben Stunde, wo Pelagie dem Chevalier von Roswil erzählte, auf welche Weise sie Frau von Saint-Phar verlassen, erstattete Filoche seinem Herrn Bericht über die Schritte, die er bei Peyrotte gethan, und dieser erzählte Laura seine Unterredung mit dem Doctor Savarus in Bezug auf die zur Auffindung der Erbin der Givré unternommenen Nachforschungen.

Gleichzeitig schrieb Jules von Bervilly an seine Mutter nach Schloß Kerouet einen langen Brief, in welchem er seine Liebe zu Regina gestand, und Gerard führte die an allen Gliedern zitternde Rosa, die sich endlich in einem kritischen Augenblick entschloß, dem väterlichen Dach und den Zudringlichkeiten des Sergeanten Coquard zu entfliehen, in das Hôtel Louis Vernot's zu dessen Schwester Marie.

Am Morgen desselben Tages hatte nämlich in dem Patriarchenhof ein gewaltthätiger Auftritt stattgefunden. Der Sergeant Coquard, Brisbille und Matharel saßen in der Kneipe am Tische. Die Unterhaltung drehte sich um die Mittel, um heimlich in das Haus des Grafen Cardiano= Cardiani einzudringen, und Jeder legte seinen Plan vor. Eine bedeutende Masse Spirituosen hatte die Köpfe erhitzt, als Rosa ihren gewohnten Platz hinter dem Büffettische einnahm.

"Da kommt meine schöne Braut!" rief der Sergeant.

Taumelnd erhob er sich, näherte sich dem jungen Mädchen und wollte sie küssen.

Rosa stieß einen lauten Schrei aus, der durch ein dumpfes Knurren beantwortet ward. Aus dem Hintergrunde des Zimmers, in welchem er unbemerkt gelegen, stürzte sich der Bullenbeißer hervor auf Coquard, den er mit einem furchtbaren Faustschlag unter die Bänke hineinschleuderte.

Wüthend raffte Coquard sich wieder auf, zog seinen Hieber und stürzte sich auf den Koloß, der sich mit einem schweren hölzernen Schemel bewaffnet hatte.

"Zu Hilfe, Brisbille! Matharel!" rief Coquard.

Der dicke Matharel war aber zu alt, um an einem solchen Kampfe theilzunehmen, und Brisbille schob, nachdem er seinen Würgerriemen, den er stets in der Tasche bei sich trug, gezogen, denselben vorsichtig wieder hinein, denn er bedachte, daß, wenn man dieses furchtbare Todeswerkzeug in seinen Händen sähe, er wohl in den Verdacht gerathen könne, jener Mörderbande angehört zu haben, deren Ver= schwinden bis jetzt unerklärlich geblieben.

Der Bullenbeißer und Coquard standen daher einander allein gegenüber.

Der Erstere schwang den Schemel über dem Kopf, schnaubte wie ein Stier und hielt sich bereit, die schwere Masse seinem Gegner, wenn dieser nur eine einzige Bewegung machte, an den Kopf zu schleudern.

Coquard hielt in schulgerechter Stellung die Spitze seines Degens in fünf Schritte Distanz vor sich hin und tobte und fluchte wie ein Heide.

Rosa stand vor Angst auf ihrem Platze wie angewurzelt.

Was die Zechgenossen des Raufbolds betraf, so bemühten sie sich, die beiden Gegner mit Worten zu beschwichtigen, indem sie sich zugleich nach der Thür retirirten, entschlossen, dem Schauplatz den Rücken zu kehren, denn es lag ihnen durchaus nicht daran, in die Hände der Polizei zu fallen, welche der Scandal ohne Zweifel herbeilocken mußte.

Die auf den Lärm herbeigeeilte „Doppelkanne" gesellte den schrillenden Ton ihrer Stimme zu den Schimpfreden, welche die beiden Gegner einander zuriefen, indem sie auf diese Weise, ohne es selbst zu wissen, der classischen Tradition der Helden der Iliade folgte, und zu dem Geheul der neugierigen Menge, welche niemals verfehlte sich in dem Patriarchenhof zu sammeln, wenn die Kneipe der Schauplatz eines derartigen Zusammenstoßes ward.

Sobald aber die „Doppelkanne" hörte, daß dieser Streit um ihrer Tochter willen begonnen worden, kehrte sie ihre ganze Wuth gegen Rosa.

„Ha, Du nichtswürdige Dirne!« rief sie. »Du willst also meinen Ruin und meinen Tod. Ich habe Dir aber versprochen, Dir meine Fäuste fühlen zu lassen, wenn Du diese Dummheiten wieder anfingest.«

Und die That auf das Wort folgen lassend, hob sie ihren kurzen, starken Arm und ließ ihre plumpe Hand auf die zarte Wange des armen Mädchens niederfallen, welches einen Schmerzensschrei nicht unterdrücken konnte.

Dies lenkte die Aufmerksamkeit der beiden Nebenbuhler sofort nach einer anderen Richtung und der Sergeant steckte die Klinge schnell wieder ein.

»Schwiegermama,« sagte er zu der Doppelkanne, »sie kann nichts dafür. Schont das schwache Geschöpf. Rosa betet mich an und ist vollkommen bereit, Madame Coquard zu werden.«

Der Bullenbeißer aber, der in seinen Bewegungen nicht weniger rasch war, schleuderte mit furchtbarer Wuthgeberde seinen Schemel gegen die Wand, so daß er sogleich in Stücke brach, packte die Schenkwirthin am Halse, hob die ungeheure Fleischmasse empor wie eine Feder, öffnete die Thür, welche auf die Treppe ging, warf die Alte hinaus und verriegelte dann die Thür. Dann kehrte er zu dem Sergeanten zurück, dem er nicht Zeit ließ, sich zu besinnen, packte ihn mitten um den Leib und schleuderte ihn zu der andern Thür hinaus, so daß er betäubt mitten in dem kleinen, hinter der Kneipe liegenden Hofe niederstürzte.

»Mamsell Rosa,« sagte er hierauf zu dem Mädchen, »es ist kein Augenblick zu verlieren. Nach dem, was soeben hier geschehen, kann ich keine Stunde mehr hier verweilen.

Eure Mutter würde mich davonjagen, und sie hätte auch das Recht dazu. Wer soll Euch dann gegen jenen feigen Schuft vertheidigen? Folgt daher meinem Rath. Es gibt in der Welt einen rechtschaffenen jungen Mann, der Euch ein Mittel zur Rettung angeboten hat — ich meine den Studenten."

Rosa wollte ihn unterbrechen.

„O, ich weiß Alles," fuhr der Koloß fort, „denn ich liebe Euch auch und seitdem Ihr so unglücklich seid, denke ich blos auf Mittel, Euch nützlich zu sein. Gerard, der sich hier als Arbeiter verkleidet eingeschlichen, ist nicht fähig Euch zu hintergehen. Kommt daher mit mir, verlasset dieses Haus. Wir wollen ihn aufsuchen und ihn bitten, Euch sofort zu den Leuten zu führen, welche ihm versprochen haben, Euch bei sich aufzunehmen und Verwandtenstelle an Euch zu vertreten. Es sind dies ebenfalls brave Leute und Ihr werdet euren Schritt nicht zu bereuen haben."

„Aber wer hat Euch denn dies Alles gesagt?"

„Gerard, euer Geliebter," sagte der Koloß, indem er einen herzbrechenden Seufzer ausstieß. „Er beauftragte mich, über Euch zu wachen und Euch an das Versprechen zu erinnern, welches Ihr ihm gegeben, wenn Ihr allzu unglücklich würdet."

„Gehen wir!" sagte Rosa entschlossen.

Der Bullenbeißer zog sie schnell aus der Spelunke hinaus und durchschritt mit ihr die Menge, welche den Patriarchenhof anfüllte und sich diese Flucht nicht erklären konnte.

Sie gewannen die Rue Mouffetard, bogen in die Rue

de la Vieille Estrapade ein und traten in ein Haus von bescheidenem Ansehen mit grünen Fensterladen und einem Garten mit einer Laube dahinter.

Es war dies eines jener bürgerlichen Pensionshäuser, wo Studenten, kleine Rentiers, Künstler und dergleichen für eine bescheidene Summe Wohnung, Kost und eine Pflege fanden, die in den Hotels Garnis nicht zu finden war.

Gerard war noch nicht nach Hause gekommen, und sie mußten daher mehrere Stunden warten.

Rosa zitterte vor Angst, daß man sie verfolge. Jeden Augenblick glaubte sie auf der Straße die Stimme ihrer Mutter oder die des Sergeanten zu hören.

Endlich erschien der Student.

"Nun, bist Du endlich jener Hölle entronnen?" rief er bei dem Anblicke des jungen Mädchens. "Und nicht wahr, Du wirst nicht wieder dahin zurückkehren?"

Dann schloß er sie in seine Arme. Und nachdem er sich den Auftritt hatte erzählen lassen, in Folge dessen Rosa sich bewogen gesehen, einen äußersten Entschluß zu fassen, sagte er zu dem Bullenbeißer:

"Kommt, wir wollen Rosa in ein Asyl bringen, wo sie die Ruhe finden wird, deren sie so sehr bedarf. Ich will, daß Ihr uns begleitet, damit Ihr Zeuge der Redlichkeit meiner Absichten seiet."

Es war schon dunkel, um größerer Vorsicht halber ließ Gerard jedoch einen Fiaker holen, und sie fuhren nun nach dem Hotel des Banquierhauses Louis Vernot und Comp. in der Rue Saint-Honoré, wohin wir schon dem Doctor Savanis gefolgt sind.

Marie Vernot fühlte, wie ihr sich das Herz zusammenschnürte, als man ihr zu einer schon vorgerückten Abendstunde den Besuch Gerards meldete.

Sie begriff, daß das Opfer ganz gebracht werden müßte, und daß ihre letzte Hoffnung im Begriffe stand zu entfliehen — jene thörichte, auf eine Unmöglichkeit, auf ein Wunder, auf eine Chimäre gegründete Hoffnung, welche der Unglückliche noch bis zu dem Augenblicke bewahrt, wo die Wirklichkeit ihn mit ihrer ganzen Wucht zermalmt.

Weit entfernt, den tiefen Kummer, den die Entdeckung der Liebe Gerards zu Rosa ihr verursacht, zu verscheuchen, hatte das unerwartete Glück ihres Bruders, welches einer jener vor den Augen des Zuschauers auf der Bühne stattfindenden Verwandlungen glich, ihren Schmerz im Gegentheile nur um so fühlbarer gemacht.

In ihrem bescheidenen Dachstübchen, bei ihrem Bruder, der sich stets so liebreich gegen sie zeigte, hätte sie Trost gefunden, und ohne das Gefühl, welches sie beherrschte, zu gestehen, ohne zu sagen, wo ihr die Wunde geschlagen worden, hätte sie bei Louis Vernot jenes sanfte Mitleid gefunden, welches zwischen zwei Seelen, die einander verstehen, nicht des Wortes bedarf, um seinen wohlthätigen Einfluß fühlbar zu machen.

Seitdem sie aber das Hotel in der Rue Saint-Honoré bezogen, war Louis Vernot fortwährend durch das große Unternehmen in Anspruch genommen, welches ihm durch den Grafen Cardiano-Cardiani anvertraut worden.

Es gab hier ein zahlreiches Personal zu wählen und zu organisiren, Agenten zu empfangen und Geschäftsfreunden den Zweck und die Vortheile des Unternehmens auseinanderzusetzen.

Kaum konnte er während des Tages seiner Schwester auch nur einen einzigen Augenblick widmen, und selbst dieser Augenblick war nur eine Lockspeise für ihr Herz. Die sympathischen Strömungen, welche lange Gewohnheit zwischen ihnen geschaffen, waren mit einem Male unterbrochen.

Mitten in der Aufregung, in dem Geräusch um sie herum, trotz der Zerstreuung, welche ihr der Luxus, die sofortige Befriedigung ihrer Wünsche, der Eifer der Diener, ihre Befehle zu vollziehen, zu bereiten schien, war Marie doch trauriger als je.

Leben und Thätigkeit umgaben sie, aber nur um die Verödung und Leere ihres Herzens desto fühlbarer zu machen.

Wer hätte jetzt noch in ihr das sorglose, fortwährend lachende und singende junge Mädchen, die muntere Grisette erkannt, deren rascher Gang und schwarzes Auge so viel Glück machten, wenn sie ihre Arbeit von dem Fabrikanten, der sie beschäftigte, abholte oder wieder zurückbrachte. Das Leben beruhte für sie damals in der gegenwärtigen Stunde; sie besaß nicht genug Gedächtniß, um sich zu erinnern, und ihr Verstand war nicht scharf genug, um vorauszusehen.

Von einem Tag zum andern leben, viel zu arbeiten, ein wenig zu lieben, dies war für sie, wie wir schon gesagt haben, der höchste Ausdruck irdischen Glückes. Jetzt aber arbeitet sie nicht mehr und lieben darf sie nicht. Arme Marie!

Es dauerte einige Minuten, ehe sie sich von der Gemüthsbewegung erholte, welche der Name Gerard für sie äußerte.

Sein Besuch konnte keinen andern Zweck haben als die Verwirklichung des Versprechens zu verlangen, welches sie ihm gegeben. Endlich waffnete sie sich mit Muth und ging in den Salon hinab, wo der Student sie erwartete.

Ihr erster Blick fiel auf Rosa.

Eine so unmittelbare Entwicklung hatte sie nicht erwartet und sie konnte daher einen Ausruf des Erstaunens und des Schmerzes nicht unterdrücken.

Bald aber faßte sie sich wieder.

Gerard kam auf sie zu.

»Hier,« sagte er, »ist die, welche Sie mir versprochen haben, wie eine Schwester zu empfangen.«

Er erzählte ihr nun, was in dem Patriarchenhof vorgefallen war, die Drohungen und die schlechte Behandlung, deren Zielscheibe das junge Mädchen gewesen.

Marie hörte ihm mit tödtlicher Angst zu. Jedes Wort des Studenten war für sie ein neuer Beweis der Liebe, welche er für Rosa fühlte, und sie mußte jene vollständige, für ein Frauenherz so grausame moralische Tortur erdulden, das Lob ihrer Nebenbuhlerin aus dem eigenen Munde dessen zu hören, den sie liebte.

Als sie ihrer selbst sicher genug zu sein glaubte, um ihre Gemüthsbewegung nicht durch den Ton ihrer Stimme zu verrathen, unterbrach sie den Studenten.

»Was ich versprochen habe, werde ich thun,« sagte sie einfach; »Ihre Freundin soll meine Schwester sein.«

Dann näherte sie sich Rosa und suchte ihr durch den Ausdruck sanfter Theilnahme Zutrauen einzuflößen.

Und so ward die Tochter der Schenkwirthin bei Marie Bernot eingeführt und deren Obhut anvertraut.

Während dieser Unterredung war auch Louis dazugekommen. Er hielt Gerard zurück, während Marie ihre neue Freundin in das Zimmer führen ließ, welches sie dicht neben dem ihrigen bewohnen sollte.

Zwölftes Capitel.
Wie Coquard endete.

Als die beiden Freunde mit einander allein waren, sagte der Bankier zu dem Studenten:

"Gerard, Du mußt mir ebenfalls einen großen Dienst leisten."

"Sprich; ich stelle mich Dir unbedingt zur Verfügung."

"Nun dann höre. Mitten in diesem eigentlichen Glücke, welches mir wie vom Himmel zugefallen, war ich anfangs wie geblendet und stürzte mich mit geschlossenen Augen in die Bahn, welche sich mir öffnete."

"Das kann man sich denken," entgegnete Gerard lächelnd. "Man wird nicht über Nacht Millionär, ohne ein wenig den Kopf zu verlieren."

„Ach, diese Millionen sind, wie Du recht wohl weißt, nicht mein. Ich habe sie blos in meiner Verwahrung."

„Allerdings, aber sie gehen doch durch deine Hände und es wird dann wohl etwas davon darin zurückbleiben."

„Später erst habe ich angefangen über die Sache nachzudenken. Ich habe die mir bereitete Situation kaltblütig in's Auge gefaßt, eben so wie die Persönlichkeiten, die mich hier umgeben, denn mein Gönner, der Graf Cardiano-Cardiani, hat selbst einen Theil des Personals für meine Bureaux geliefert. Ich habe gewisse Eigenthümlichkeiten bemerkt, die mir anfangs entgangen waren, und ich muß Dir gestehen — ich fürchte mich."

„Du fürchtest Dich?" rief der Student, „und vor wem könntest Du Dich fürchten?"

„Ja, wenn ich das wüßte, wäre ich weniger unruhig."

„Das ist richtig."

„In diesem gewaltigen Hause, allein mit meiner Schwester, mitten unter Fremden und Unbekannten, ist es mir zu Muthe wie einem Reisenden, der in der Nacht einen dichten Wald durchwandert. Mag man Muth, Kaltblütigkeit und Energie besitzen, wie man will, dennoch hat man es nicht in seiner Gewalt, diese Eindrücke zu empfinden oder nicht zu empfinden."

„Ich begreife das. Es lastet eine schwere Verantwortlichkeit auf Dir, Du hast bedeutende Geldsummen in den Händen, und wenn man bedenkt, daß man neben mehreren Millionen schläft, während man bis jetzt ein bescheidener Expedient mit achthundert Livres jährlich gewesen ist, der am Ende des Monats kaum noch einige Thaler übrig hat, dann darf man sich nicht wundern, wenn man Alpdrücken bekommt. Aber inwiefern kann ich Dir einen Dienst leisten?"

"Dadurch, daß Du auf einige Wochen deine Wohnung in diesem Hotel nimmst und mir beistehst — ich will nicht sagen durch deine Rathschläge, denn von Geldgeschäften verstehst Du nichts, wohl aber durch Deine Gegenwart an und für sich, welche für mich eine stete Ermuthigung sein wird. Es ist allerdings ein förmlicher Frohndienst, den ich von Dir verlange, aber schlage mir meine Bitte nicht ab, Gerard, denn ich sage Dir nochmals: ich fürchte mich."

"Ich glaube, Du übertreibst die Gefahren deiner Lage ein wenig," entgegnete der Student; "da man aber gegen Ahnungen keine Vernunftgründe aufstellen kann, so bin ich mit dem, was Du von mir verlangst, einverstanden, und werde morgen mein Quartier hier aufschlagen."

"Nein, morgen nicht erst — heute schon — heute Abend sogleich."

"Wie? Sogleich? Was willst Du damit sagen?"

"Daß Du mich nicht verlassen darfst. Ich habe zu arbeiten — Du wirst die Nacht bei mir zubringen."

Gerard wollte sich schon hiermit einverstanden erklären, als er plötzlich an Rosa dachte. Nun war er ein zartfühlender, gewissenhafter Charakter, der sich mit der Redlichkeit der Absichten nicht begnügte, sondern auch der Verleumdung keinen, auch nicht den leisesten Vorwand geben wollte.

Uebrigens hatte er der Tochter der Schenkwirthin gegenüber sich unbedingt verbindlich gemacht, daß ihre Flucht aus dem väterlichen Hause niemals zu dem mindesten Argwohn gegen sie Anlaß geben sollte.

„Was Du da von mir verlangst, ist unmöglich,“ hob er wieder an. „Dieses Haus ist das Asyl der Person geworden, die ich einmal heiraten will, die ich so eben deiner Schwester anvertraut. Du verstehst mich, nicht wahr? Ich kann nicht die Nacht unter demselben Dache mit ihr zubringen. Uebrigens steht unten auf der Straße ein wackerer Geselle, der mich erwartet, ein redliches Herz, der mir die arme Rosa hatte retten helfen und der sie ebenfalls liebt. Was sollte er denken, wenn er mich nicht wieder herauskommen sähe?“

„Von wem sprichst Du?“

„Von dem Manne, dem die Stammgäste des Patriarchenhofs den Beinamen des Bullenbeißers gegeben haben. Doch warte — da fällt mir etwas ein. Ich will ihn heraufkommen lassen. Er wird die Nacht bei Dir zubringen und morgen Früh komme ich wieder, um ihn abzulösen. Durch seine Conversation wird er Dich allerdings nicht sonderlich amüsiren, aber dagegen hat er einen andern unbestreitbaren Vorzug vor uns voraus, nämlich den der Faust. Er ist ein bewunderungswürdiger, zu einer Leibwache sich eignender Koloß und dies ist Alles, was Du diese Nacht brauchst. Wenn er da ist, kannst Du ruhig schlafen. Er wird deine Millionen besser bewachen als ein ganzer Schwarm Agenten des Polizeilieutenants.“

Louis Vernot nahm Gerards Vorschlag an, während er zugleich über seine eigene Furcht erröthete.

Einige Augenblicke später ward der Bullenbeißer in das Hotel eingeführt und Louis nahm in dem Theile der

Bureaux, der sich in dem Erdgeschoß, wo die Casse war, befand, in einem großen Lehnsessel Platz. Eine Flasche Branntwein ward ihm zur Verfügung gestellt, damit ihm die Zeit nicht lang wurde.

Das ein wenig dicke Gehirn des Riesen verlangte keine weitere Erklärung, als Gerard ihm sagte, es handle sich um Rosa und im Nothfalle um ihre Beschützung, wenn vielleicht die „Doppelkanne" oder der Sergeant kämen, um sie zurückzuverlangen oder vielleicht gar ihren neuen Beschützern mit Gewalt zu entreißen zu suchen.

Er begnügte sich energisch die Faust zu ballen, die Arme auszustrecken und jenes sonore Knurren hören zu lassen, dessen verschiedene Nüancen bei ihm abwechselnd Freude, Schmerz oder Zorn zu erkennen gaben, denn noch niemals in seinem ganzen Leben hatte er so viel Worte hinter einander gesprochen, als da er der Tochter der Schenkwirthin die Nothwendigkeit ihrer sofortigen Flucht auseinandersetzte.

Es hatte der ganzen dramatischen Gewalt dieser Situation bedurft, um bei ihm ein solches Wunder von Geschwätzigkeit zu bewirken, und dieses Wunder war auf Rosa's Entschluß nicht ohne Einfluß geblieben, denn ein Ereigniß, welches den Bullenbeißer zum Reden brachte, überstieg Alles, was das arme Mädchen jemals Außerordentliches hatte voraussehen können.

An diesem Abende sprach man in der Kneipe des Patriarchenhofes natürlich von nichts weiter als von dem Verschwinden des Bullenbeißers und der schönen Wirthstochter.

Niemand vermochte diesen Vorfall zu begreifen, und

der Sergeant Coquard vermochte dies weniger als sonst Jemand.

Wäre Rosa mit irgend einem hübschen Milchbart aus dem väterlichen Hause entflohen, so wäre dabei weiter nichts zu verwundern gewesen, aber sich durch einen solchen Tölpel entführen zu lassen!

Coquard war nicht im Stande sich an diesen Gedanken zu gewöhnen, der seine Eigenliebe auf eigenthümliche Weise verletzte.

Vergebens suchten seine gewohnten Zechgenossen seinen Kummer im Weine zu ersäufen und forderten ihn auf, ihnen einige jener munteren Trinkliedchen zu singen, in deren Vortrag er Ausgezeichnetes leistete. In seine trüben Gedanken versunken, beobachtete er grimmiges Schweigen.

Zuletzt entfernte er sich sogar allmälig von der Gruppe der Zecher und Spieler und überließ sich allein in einem Winkel des Zimmers, beide Ellbogen auf den Tisch stemmend und den Kopf mit beiden Händen haltend, den bittersten Betrachtungen über die wunderlichen Einfälle des weiblichen Herzens im Allgemeinen und der schönen Rosa im Besondern, die sich von einem schwerfälligen Dummkopf entführen ließ, während der schönste, liebenswürdigste und galanteste aller vergangenen, gegenwärtigen und zukünftigen Sergeanten nur auf ein Wort aus ihrem Munde wartete, um sofort zu ihren Füßen niederzusinken.

In diese Betrachtung, welche in seinem Gehirne allmälig einen leichten Anstrich von Philosophie gewonnen, versunken, hatte Coquard nicht bemerkt, daß ein neuer Gast sich an denselben Tisch gesetzt hatte.

Eine indiscrete vertrauliche Hand fiel plötzlich auf seine Schulter und dieser ein wenig heftige Schlag bewog ihn zornig den Kopf emporzurichten.

»Zum Teufel!« rief er, »wer erlaubt sich mich hier auf diese Weise zu stören?«

Er wollte noch mehr sagen, als ihm bei dem Anblicke der Person, die er vor sich hatte und die ihn mit spöttischer Miene betrachtete, das Wort auf den Lippen erstarb.

»Nun,« rief der neue Gast, »empfängt man Freunde jetzt auf diese Weise?«

»Filoche!« rief der Sergeant, indem er den Vertrauten und ehemaligen Lieutenant des Anführers der Würger erkannte.

»Nicht so laut,« entgegnete Filoche. »Mäßige den Ausdruck deiner Ueberraschung und deiner Freude. Ich habe mit Dir über eine ernste Angelegenheit zu sprechen, bei welcher es Gold zu verdienen gibt.«

»Gold!« unterbrach ihn Coquard mit einem tiefen Ausdruck von Schwermuth. »Gold rührt mich nicht mehr. Mein Herz ist betrübt.«

»Ich weiß es wohl. Man hat Dir den Gegenstand deiner zärtlichen Gefühle geraubt.«

»Wie! Woher weißt Du das?«

»Die Tochter der Schenkwirthin, die schöne Rosa, ist durchgebrannt.«

Coquard war vor Ueberraschung unbeweglich.

»Wohlan, ich weiß, wo sie in diesem Augenblicke ist, diese Treulose, die mit der Liebe eines so wackern Mannes gespielt hat.«

"Du weißt, wo Rosa ist! Mein Freund, mein theurer Freund, sprich, sprich! Ich bitte Dich!«

»Und das Geschäft, welches ich Dir vorschlagen will, hängt mit ihrer Entführung zusammen. Hier können wir aber nicht gut plaudern. Ich kenne in der Rue Saint=Honoré ein gewisses Wirthshaus, welches ein wenig besser ausschaut als diese schmutzige Spelunke hier. Man trinkt dort ein ganz delicates Weinchen, welches Dir wohl schmecken würde, und wenn Du Lust hast, so wollen wir dort zu Abend essen. Der Ort ist übrigens auch nicht gleichgiltig,« setzte Filoche hinzu. »Rosa ist nämlich in ein Hotel der Rue Saint=Honoré gebracht worden und dieses Hotel steht dem Wirthshause, von welchem ich so eben sprach, gerade gegenüber.«

Coquard machte große Augen. Er begriff noch nicht recht, aber es war doch auf jeden Fall von einem Abend= essen und gutem Weine die Rede — eine Aussicht, die ihm zusagte.

»Nun gut, gehen wir,« sagte er zu Filoche, indem er seinen abgetragenen Filz aufstülpte.

Die beiden ehemaligen Cameraden machten sich auf den Weg.

Es war beinahe Mitternacht, als sie vor der Thür des Wirthshauses anlangten, welches schon geschlossen war.

Filoche pochte auf eine gewisse Manier an. Die Thür öffnete sich und ein Kellner ließ sie eine Treppe hoch in ein besonderes Zimmer treten, wo man ihnen bald darauf ein ausgesuchtes Souper auftrug, wie der Sergeant in seinem ganzen Leben noch keines genossen.

Der Vertraute des Grafen Cardiano-Cardiani versparte seine vertraulichen Mittheilungen bis zum Deffert. Er unterhielt seinen Tischgenossen mehrere Stunden lang mit allerhand müßigem Geschwätz, und die ganze Nacht verging bei Tische und unter stetem Trinken, so daß, als der Tag anbrach, Coquard von seinem Verstande nichts mehr wußte.

»Filoche,« sagte er endlich in dumpfem, trunkenem Tone, »wir sind hierhergegangen, um uns von ernsten Dingen zu unterhalten. Du hast mir versprochen, mir meine Verlobte ausfindig zu machen helfen —«

»Oder Dir die Mittel zur Rache an denen, welche sie Dir geraubt, an die Hand zu geben.«

»Die Rache an dem Bullenbeißer,« sagte der Sergeant, »wäre nicht schwer. Das erste Mal, wo ich ihm begegne, schlage ich ihm die Knochen entzwei.«

»Aber er ist ja gar nicht Rosa's eigentlicher Entführer!«

»Nicht? Der Bullenbeißer wäre es nicht? Mein armer Freund, der Wein ist Dir zu Kopf gestiegen, und Du weißt nicht mehr, was Du sprichst.«

»Höre mich an, denn der Augenblick, wo Du Alles erfahren mußt, ist gekommen. Der Bullenbeißer ist weiter nichts gewesen als ein elendes Werkzeug. Sieh,« setzte Filoche hinzu, der seit einigen Augenblicken das auf die Straße gehende Fenster des Zimmers geöffnet hatte, »da tritt er eben aus dem Hause, wohin er gestern Abend die Tochter der Wirthin des Patriarchenhofes geführt hat.«

Coquard steckte den Kopf zum Fenster hinaus, und

sah in der That den Koloß aus dem Hotel des Bankiers Louis Vernot treten.

"Aber was ist das für ein Haus?" rief Coquard, indem er mit der geballten Faust auf den Tisch schlug, so daß Gläser und Flaschen umstürzten.

"Es ist das Haus des Bankiers Vernot, eines Mannes, der sechs Millionen in seiner Casse hat."

"Und dieser hat mir meine Rosa genommen?"

"So ist es. Willst Du ihm vielleicht seine Millionen nehmen?"

"Nur keine schlechten Witze, Filoche!"

"Willst Du ihm seine Millionen nehmen?"

"Aber wo sind diese?"

"Nun, in seiner Casse, zum Teufel!"

"Der Cassierer wird sie aber nicht hergeben wollen."

"Ich werde Dir ein Mittel angeben ihn zu beseitigen."

"Indem man ihn todtschlägt, nicht wahr? — In diesem Artikel arbeite ich nicht mehr," sagte der Sergeant; "es ist zu gefährlich."

"Du sollst ja gar Niemanden todtschlagen, Dummkopf. Mein Plan ist folgender: Die Casse des Hauses Vernot und Comp. befindet sich in dem Erdgeschoß. Sie ist von den Bureaux durch einen Corridor getrennt. Du meldest Dich an dem Schiebefenster mit diesen Papieren — es sind zwei Wechsel."

"Und dann?"

"Du reichst einen dieser Wechsel durch das Fenster hinein. Der Cassierer nimmt ihn, liest ihn und wird, da derselbe vollkommen in Ordnung ist, seine Casse öffnen, um ihn zu bezahlen. Sobald er die Casse geöffnet hat, rufst Du ihn zurück, indem Du ihm sagst, Du hättest noch ein zweites Papier, und bittest um Entschuldigung, daß Du es ihm nicht sogleich mit dem ersten überreicht. Er kommt, nimmt das zweite Papier in Empfang, und dann? — Sieh einmal diesen Ring an. Wie findest Du ihn?"

"Sehr schön. Es ist ein Diamant, der sich an meinem Finger sehr gut ausnehmen würde. — Ich dächte aber, wir kämen wieder auf unser Geschäft zurück."

"Wir sind ja dabei. Sieh noch einmal diesen Diamant an. Du wirst bemerken, daß er eine sehr feine und sehr scharfe Spitze hat."

"Allerdings, aber ich weiß noch immer nicht, wie das mit unserem Geschäfte zusammenhängt."

"Diesen Ring wirst Du an den Zeigefinger deiner rechten Hand stecken und dabei die Vorsicht gebrauchen, den Stein nach innen zu kehren."

"Das ist aber eine eigenthümliche Manier, einen Ring zu tragen."

"Wenn dann der Cassier das zweite Papier in Empfang nehmen will, ergreifst Du ihn beim Handgelenk und drückst dasselbe so, daß die Spitze des Diamants tief in das Fleisch dringt. Der Stich des Diamants verursacht einen so heftigen Schmerz, daß selbst der Standhafteste ihn nicht ertragen kann. Es ist dies ein Experiment, welches ich wohl zwanzigmal angestellt habe, ohne daß es ein einziges Mal fehlgeschlagen wäre. — Unter diesem kräftigen Druck wirst Du den Mann plötzlich erbleichen und rücklings niederstürzen sehen. Er wird ohnmächtig werden und länger als zehn

Minuten in diesem Zustand bleiben. Du brauchst blos eine Minute, um die Thür des Gitterfensters aufzusprengen, an die geöffnete Casse zu eilen und Alles, was Du darinnen an Gold und Cassenbillets findest, in einen zu diesem Zwecke mitgenommenen Sack zu werfen. Ich werde Dich hier erwarten, Du kommst wieder und dann theilen wir."

„Ja," sagte Coquard, nachdem er einen Augenblick nachgedacht; „die Sache ist zu gut ausgesonnen. Aber warum willst Du diesen Streich nicht selbst ausführen?"

„Weil man mich in diesem Hause kennt."

„Das ist allerdings ein Grund. Indeß weißt Du es auch gewiß?"

„Was denn? Daß Geld in der Casse ist?"

„Nein, daß der Stich des Diamants die von Dir beschriebene Wirkung hervorbringen muß? Weißt Du gewiß, daß der Cassierer keinen Widerstand leisten kann, sondern unfehlbar das Bewußtsein verlieren muß?"

„Ja wohl unfehlbar, dafür bürge ich."

„Nun, dann sehe ich allerdings weiter kein Hinderniß und nehme das Anerbieten an."

„Hier sind die Wechselpapiere, der Ring und ein lederner Beutel, um das Gold und die Banknoten hineinzuthun. Du wirst in der Casse des Hauses Louis Vernot und Comp. fünf Millionen fünfhunderttausend Livres in Papier und fünfzigtausend Livres in Gold finden."

Die Bureaux des Bankiers wurden schlag neun Uhr geöffnet.

Eben dröhnte auf der Kirche Saint-Roche der letzte

Schlag dieser Stunde, als Coquard aus dem Wirthshaus heraustrat, um seinen kühnen Handstreich auszuführen. Die völlig mit Essen und Trinken zugebrachte Nacht hatte ihn in eine Aufregung versetzt, welche seine gewohnte Kühnheit noch steigerte.

Mit stolz aufgerichtetem Kopfe trat er in das Hotel, fragte nach der Casse und verschwand in dem zu dieser führenden langen Corridor.

Einige Minuten später sah Filoche ihn mit dem ledernen Beutel auf dem Arm ohne Hast, mit ruhiger, kaltblütiger Miene wieder herauskommen.

»Entweder ist der Streich mißlungen,« sagte er, »oder dieser Kerl da ist der unverschämteste Schurke, den ich jemals kennen gelernt.«

»Das Geschäft ist besorgt!« rief der Sergeant, indem er in das Zimmer trat und den Beutel auf einen Stuhl warf.

»Ist dies Alles?«

»Alles, was in der Casse war.«

»Und der Cassierer?«

»Liegt in tiefer Ohnmacht.«

»Sehr schön,« sagte Filoche, indem er den Beutel anfühlte. »Jetzt gib mir meinen Ring wieder und nimm Dich in Acht, daß Du Dich beim Abziehen desselben nicht verwundest.«

»Na, dann hätte ich auch weiter nichts davon als höchstens eine Ohnmacht.«

»Versuche es nicht. Ich habe Dir von diesem Ringe noch nicht Alles gesagt.«

„Was gibt es denn davon noch mehr zu erzählen?"

„Wenn Du ihn aufmerksam betrachtet hättest, so würdest Du gesehen haben, daß der Stein hohl ist und daß er in dieser Höhlung eine kleine schwärzliche Masse enthält."

„Ah!"

„Diese Masse spritzt mittelst eines sinnreichen Mechanismus, welchen der Künstler dem Zahne der Natter nachgebildet hat, heraus und dringt in die Wunde, welche der Diamant macht."

„Das ist in der That sehr merkwürdig. Und diese Masse ist —"

„Blausäure!"

„Was für Zeug?" rief Coquard.

„Blausäure, von welcher ein einziger Tropfen einen Stier binnen zehn Secunden tödtet."

„Ist es möglich! — Dann ist der Cassierer also —"

„Todt ist er! — mausetodt! Und wenn die Polizei den Mörder entdeckt, so wird er auf dem Grèveplatz lebendig gerädert."

„Ha, doppelter Verräther! Also deswegen wolltest Du diesen Streich nicht selbst ausführen!"

„Fürchtest Du Dich vielleicht vor dem Tode?" sagte Filoche zu ihm. „Ein Kerl wie Du muß über dergleichen kindische Befürchtungen erhaben sein."

Indem der Vertraute des Grafen Cardiano=Cardiani diese Worte sprach, faßte er den Sergeanten beim Arme und drückte ihn kräftig.

Der arme Teufel empfand sofort einen stechenden

Schmerz wie von dem Biß einer Schlange, stieß einen lauten Schrei aus und stürzte todt nieder.

Der vergiftete Ring entledigte Filoche und Regina's Vater eines Mitschuldigen, der sie vielleicht compromittirt hätte, mit welchem sie die aus Louis Vernot's Casse geraubten Millionen hätten theilen müssen.

Dreizehntes Capitel.

Die Verhaftung.

Filoche schob die Leiche des ehemaligen Sergeanten unter den Tisch.

„Unten liegt, wer oben trank," murmelte er dabei mit spöttischer Miene.

Und dies war die ganze Leichenrede, welche Coquard gehalten ward.

Filoche zog einen dünnen, an beiden Enden mit Bleikugeln versehenen Riemen, wie die Würger sich deren bedienten, aus der Tasche und warf ihn neben die Leiche. Dann nahm er den ledernen Beutel mit den der Casse des Bankiers geraubten sechs Millionen unter den Arm, ging ruhig die Treppe hinunter, schritt durch das Parterrezimmer und warf hier einen Doppellouisd'or auf den Zahltisch.

„Mein Camerad, der noch oben ist, wird bald herabkommen," sagte er; „gebt diesem, was wir auf dieses Goldstück herausbekommen."

Dann ging er zu dem Wirthshaus hinaus und verschwand in den engen Gäßchen des sogenannten Windmühlenhügels. An der Ecke der Rue d'Argenteuil und der Rue des Orties hielt ein zweiräderiges Cabriolet. Filoche stieg hinein und der Wagen rollte, von dem kräftigen Pferde in raschem Trabe gezogen, davon.

Es war auch für ihn die höchste Zeit, dem Schauplatz des doppelten Verbrechens zu entfliehen. Schon bildete sich ein großer Zusammenlauf in der Rue Saint=Honoré vor dem Wirthshause, worin er mit dem zweiten seiner Opfer die Nacht zugebracht.

»Was ist denn da drinnen geschehen?« fragte ein Spießbürger einige Frauen, die sich in allerlei Glossen über das Ereigniß ergingen.

»Es ist Jemand vom Schlag getroffen worden,« sagte die Eine.

»Ach nein,« rief die Andere; »er hat sich zu Tode getrunken.«

»Er hat sich selbst das Leben genommen,« unterbrach eine Dritte. »Er litt an einer Gemüthskrankheit und hat auf dem Tische einen langen Brief an seine Geliebte zurückgelassen.«

»Es hat sich eine Frau gehängt.«

»Ein Knabe ist ermordet worden.«

»Er hat sich mit einem Rasirmesser die Kehle abgeschnitten.«

»Der Knabe?«

»Ach nein! Der Gardist!«

»Man hat ihn beraubt. Es war noch Jemand bei ihm, der aber verschwunden ist.«

Und Alle — Männer, Frauen, Kinder drängten sich an die Fenster des Wirthshauses, in welchem man soeben die Leiche des Sergeanten heruntergetragen, der ausgestreckt auf einer Bank neben der Thür lag.

Dann kamen einige Dutzend Aerzte und sämmtliche Chirurgen des Stadttheils, welche, durch das allgemeine Geschrei benachrichtigt, herbeieilten, um dem Verwundeten die erste Hilfe zu bringen oder um, wenn es sich um einen Todten handelte, das wirkliche Ableben desselben zu constatiren.

Es dauerte nicht lange, so erschienen auch die Polizeiagenten und einige Soldaten des Postens von Saint Roche.

Ein Polizeicommissär begann das Protocoll aufzunehmen, als auf der andern Seite der Straße, dem Wirthshaus gegenüber, ein neuer Lärm sich erhob und hundert neue Gerüchte unter der versammelten Menge zu circuliren begannen.

»Man hat die Casse des Bankiers beraubt.«

»Der Cassierer ist selbst der Dieb.«

»Nein, man hat ihn ermordet.«

»Der Bankier hat sich erschossen. Er ist bankerott.«

»Nein, nein; es ist nichts als Spiegelfechterei. Er hat sich vergangene Nacht nach Holland geflüchtet.«

In dem Hotel selbst herrschte ein unbeschreiblicher Wirrwar. Die Angestellten des Hauses Louis Vernot und Comp., die Comptoiristen, die Diener drängten sich in dem Corridor, der nach der Casse führte. Hinter dem Gitterfenster sah man die offenstehende Casse und den mit dem Gesicht auf der Erde liegenden Cassierer.

Niemand wagte in das Zimmer selbst hineinzugehen. — Plötzlich rief eine Stimme:

„Da kommt der Principal!"

Alles wich auf die Seite und es näherte sich ein Mann mit todtenbleichen Zügen, aus welchen die furchtbarste Angst sprach.

Es war Louis Vernot, den man soeben benachrichtigt.

Er näherte sich dem Gitterfenster, ging dann in das Zimmer hinein, warf einen raschen Blick in die Casse, hob die Leiche des unglücklichen Cassierers empor, welcher wie eine träge Masse wieder niederfiel, ließ seine stieren Augen über alle diese Köpfe hinschweifen, welche erwartungsvoll seinen Bewegungen folgten, stieß einen lauten Schrei aus und rief:

„Beraubt! Man hat die Casse beraubt!"

Und dann sank er zusammen.

Einige Augenblicke später lag Louis Vernot in seinem Zimmer, wohin man ihn getragen. Durch Anwendung von Riechsalz hatte er den Gebrauch seiner Sinne wieder erhalten und sah sich in Gegenwart eines Magistratsbeamten und eines Procurators vom Châtelet, der im Beisein aller Angestellten des Hauses eine Art Verhör mit ihm vornahm.

Von mehreren Umständen des tragischen Ereignisses hatte man schon in aller Eile Notiz genommen.

So hatte man zum Beispiel an dem Körper des Opfers keine Wunde gefunden.

Von dem Fußboden des Cassenzimmers hatte man einen Wechsel aufgehoben, der in einer Stadt in der Nähe von Paris ausgestellt und auf die Ordre eines unbekannten dritten Inhabers girirt war. Der Wechsel selbst aber war gut, der Aussteller hatte das Haus davon avisirt und sämmtliche Giros schienen in Ordnung zu sein.

Auf diesem Wege schien daher kein unmittelbares Licht über die That verbreitet werden zu sollen.

Der Uebelthäter, der Mörder hatte aber ohne Zweifel alle Oertlichkeiten und Verhältnisse genau gekannt, denn um das in der Casse enthaltene Papiergeld herauszunehmen, hatte er erst auf eine inwendig angebrachte Feder drücken müssen, mit deren Hilfe sich ein geheimes Fach öffnete. Dies mußte überdies sehr rasch und ohne langes Tasten oder Suchen geschehen sein, denn der ganze Raub war binnen wenigen Minuten ausgeführt worden.

»Sie haben also keine Spur, keinen Verdacht?« fragte der Magistratsbeamte den jungen Bankier.

»Nein, mein Herr.«

»Auch nicht gegen Ihre Umgebung, Ihre Comptoiristen oder Dienstleute?«

»Nein, ich kann Niemand beschuldigen.«

»Wer sind Sie, mein Herr?« fragte der Beamte, indem er sich zu einer neuen Person wendete, die so eben in das Cabinet des Bankiers getreten war.

»Der Graf Cardiano-Cardiani,« antwortete der Gefragte.

Louis Vernot erhob sich rasch und eilte auf den Grafen zu.

»Ach,« rief er, indem er seine Hände ergriff, »haben Sie das entsetzliche Unglück schon vernommen?«

»Von welchem Unglück sprechen Sie?« fragte Regi=

na's Vater mit kalter Miene, indem er einen forschenden Blick umherschweifen ließ. »Was ist Ihnen zugestoßen?«

»Man hat die Casse bestohlen — heute Morgen.«

»Man hat die Casse bestohlen? am hellen lichten Tage! Ist der Dieb festgenommen?«

»Nein, der Dieb hat mit dem ganzen Gelde die Flucht ergriffen.«

»Aber der Cassierer?«

»Der Cassierer ist todt — ermordet, wie hier der Herr Beamte sagt, aber unter so seltsamen Umständen, daß wir uns in Muthmaßungen verlieren.«

»Das ist allerdings Alles sehr seltsam,« sagte der Graf Cardiano-Cardiani. »Ich hatte Herrn Louis Vernot eine bedeutende Summe anvertraut — ungefähr fünfhunderttausend Livres, und wie groß auch mein Vermögen sein mag, so ist dies doch einer der Verluste, welche es schwer ist mit philosophischem Gleichmuth zu ertragen. Dennoch aber würde ich mich geduldig dareinfügen, wenn ich allein bei dieser Sache betheiligt wäre; Herr Vernot weiß aber wohl, daß dies nicht der Fall ist. Auf meine dringende Empfehlung und auf den blinden Glauben, den ich auf die Redlichkeit und Umsicht dieses Herrn setzte, sind mehrere meiner Freunde, Cavaliere wie ich, meinem Beispiel gefolgt und Sie begreifen, daß mir viel daran liegen muß, alles dies einer strengen und genauen Untersuchung unterzogen zu sehen.«

Eine solche Sprache hatte Louis Vernot von seinem Wohlthäter nicht erwartet und er wollte eben sein schmerzliches Erstaunen darüber zu erkennen geben, als der Beamte zu ihm sagte:

»Der Herr Graf Cardiano-Cardiani hat Recht. — Erlauben Sie mir diese vorläufige Befragung fortzusetzen. — Ist vor dem verhängnißvollen Ereignisse keine fremde verdächtige Person in Ihren Bureaux gewesen?«

»Nein, so viel ich weiß, nicht. Doch warten Sie. Aber nein, es ist unmöglich! Und dennoch muß ich Ihnen alles dies sagen.«

»Erklären Sie sich deutlicher.«

»Gestern Abend hatte sich, ich weiß selbst nicht wie, eine unbestimmte Ahnung, ein instinctartiges Vorgefühl des Unglücks, welches nun geschehen, sich meiner bemächtigt. Ich fürchtete mich, ja ich empfand wirklich Furcht — warum sollte ich es nicht gestehen? — indem ich an die furchtbare Verantwortlichkeit dachte, die ich auf mich genommen, und es hat deshalb Jemand auf meinen Befehl die Nacht in dem Bureau zugebracht.«

»Das wäre ein Indicium, ein wenn auch schwacher Schimmer von Licht.«

»Und wer war dieser nächtliche Hüter?« fragte der Graf Cardiano-Cardiani, indem er seinen festen klaren Blick auf den Bankier heftete.

»Ein ganz wackerer Mann — der —«

Louis Vernot wollte den Bullenbeißer nennen, that sich aber plötzlich Einhalt, indem er an die ganz besonderen Umstände dachte, von welchen die Sache begleitet gewesen.

Sein Freund Gerard hatte ihm den Bullenbeißer zugeführt, als er seiner Schwester die Tochter der Schenkwirthin anvertraut. Er hatte, weil er aus übergroßem Zartgefühl die Nacht nicht mit Rosa unter einem und demselben

Dache zubringen wollte, ihm vorgeschlagen, die Bewachung der Casse dem Koloß des Patriarchenhofes anzuvertrauen.

Wenn er dies alles dem Gerichtsbeamten mittheilte, mußte er dadurch nicht nothwendig seinen Freund compromittiren, Verdacht gegen ihn erwecken und ihm die Unannehmlichkeiten einer gerichtlichen Haussuchung, ja vielleicht einer Verhaftung zuziehen? Und konnte er ihn auf diese unüberlegte Weise ohne weiteres Bedenken bloßstellen?

Wenn Gerard nur wenigstens dagewesen wäre, aber er war trotz des am Abend vorher gegebenen Versprechens noch nicht zum Vorschein gekommen.

Alle diese Gedanken gingen Louis Vernot rascher durch den Kopf, als der Leser im Stande gewesen ist, diese wenigen hierüber geschriebenen Zeilen zu lesen, und er stockte plötzlich.

»Nun, so nennen Sie uns doch diesen Namen!«

»Ich irre mich,« antwortete er unwillkürlich erröthend, »ich irre mich — es hat Niemand die Nacht in den Bureaux zugebracht.«

»Besinnen Sie sich genau, mein Herr. Es ist dies ein wichtiger Umstand.«

»Ja, ein sehr wichtiger Umstand,« setzte der Graf Cardiano-Cardiani hinzu, »und es wird gut sein, die Leute des Hotels zu befragen, um sich von der Wahrheit der Thatsache zu überzeugen.«

»O Herr Graf,« rief Louis Vernot in Tone der Ueberraschung und dunkelroth vor Entrüstung, »auch Sie wagen Mißtrauen in meine Ehre zu setzen?«

»Ich habe kein Mißtrauen, aber es liegen bei diesem

Verbrechen viele sehr seltsame Umstände vor, es gibt viele Fragen, über welche man Erläuterungen verlangen muß — wie zum Beispiel mit was für einer Waffe man Ihren Cassierer ermordet, ohne daß er einen einzigen Schrei ausgestoßen, ohne daß irgend etwas die Aufmerksamkeit der Diener erweckt, die sich nur wenige Schritte von ihm hinter einer dünnen Bretwand befunden haben."

„Ja," sagte Mariens Bruder, „es ist dies allerdings einer jener unerklärlichen Vorfälle, die mich in einen Ocean von Zweifeln versenken. Der unglückliche Cassierer hatte keine andere sichtbare Wunde als einen leichten Riß am Handgelenk."

In diesem Augenblick überreichte ein Polizeiagent dem Beamten ein Papier.

Es war eine Notiz des Polizeicommissärs, welcher eben in dem Wirthshause zum Feu=Dauphin bei Coquard's Leiche beschäftigt war das Protokoll aufzunehmen.

„Hier," sagte der Gerichtsbeamte, nachdem er das Papier gelesen, „hier wird mir etwas sehr Eigenthümliches gemeldet. In demselben Augenblick, wo dieses Verbrechen hier begangen wurde, hat man in einem benachbarten Hause einen zweiten Mord verübt, der von denselben geheimnißvollen Umständen begleitet ist. Ein Mann, der die Nacht in dem Wirthshause zugebracht, ist todt gefunden worden, ohne sichtbare Wunde und man hat neben seiner Leiche ein furchtbares Instrument gefunden — einen jener Riemen, von welchen die Würger noch vor wenigen Wochen einen so furchtbaren Gebrauch machten."

„Die Würger!" rief Louis Vernot, als ob ihm plötzlich ein Lichtstrahl aufginge. „O, Marie, meine arme

Schwester, Du hattest Recht! — Dieser Mann mußte uns Unglück bringen. Warum bin ich deinen guten Rathschlägen nicht gefolgt?"

"Was wollen Sie damit sagen?"

"Mein Herr," fuhr Vernot fort, "ich habe eine wichtige Mittheilung zu machen."

"Ich höre Sie."

"Aber ich wünsche dieselbe nur Ihnen und nur in Gegenwart des Herrn Grafen Cardiano-Cardiani zu machen."

Alle Uebrigen zogen sich zurück. Die Thür des Cabinets ward geschlossen und der Bankier hob an:

"Ehe ich diesen Herrn," hier zeigte er auf Regina's Vater, "kennen lernte, bewohnte ich ein bescheidenes Logis in der Rue de la Calandre bei einem Färber Namens Loiseau. Dieser Mann hatte einen Trödelhändler zum Nachbar, dessen Laden unter dem Aushängeschild des Fuchses bekannt war."

"Wohl Meister Martin?" fragte der Beamte stutzend.

"Ja, Meister Martin."

"Schon gut, schon gut; fahren Sie fort."

"Wir, meine Schwester und ich, lebten redlich von dem Ertrage unserer Arbeit, als wir eines Tages diesen Trödelhändler bei uns eintreten sahen. Er galt in unserem Stadttheil für einen wohlthätigen Mann und Alle priesen sein Lob. Er kam, um uns seinen Schutz anzubieten. Er gab vor, er sei von hochgestellten Personen beauftragt, arme, aber tugendhafte Leute aufzusuchen, und fügte hinzu, er habe mich der Unterstützung dieser hochgestellten Personen würdig gefunden. Er nannte mir einen Namen und eine

Adresse — den Namen und die Adresse des Grafen Cardiano-Cardiani. Ist das nicht die Wahrheit, Herr Graf?«

Regina's Vater nickte bejahend und verwendete kein Auge von Louis Vernot, dem er mit großer Aufmerksamkeit zuhörte.

»Ich begab mich zu dem Grafen, der sofort eine wahrhafte Freundschaft zu mir faßte, meine Familie gekannt zu haben erklärte und mir seinen thätigen, wirksamen Schutz versprach. Nicht lange darauf verwirklichte er seine Versprechungen, indem er mich dieses Bankierhaus errichten ließ, welches die Ursache eines so großen Unglücks geworden ist.«

Der Beamte wendete sich zu dem Grafen, der schweigend zuhörte.

»Wenn nicht Herr Louis Vernot klugerweise Sie zuerst von diesen wichtigen Umständen in Kenntniß gesetzt hätte,« sagte der Graf, »so würde ich es gethan haben und zwar ziemlich in derselben Weise, indem ich noch einige neue Thatsachen hinzugefügt hätte.«

»Ich bin ja noch nicht fertig,« hob Louis Vernot wieder an. »Der Mann, welcher mich an diese hohe Person empfohlen hatte, jener Meister Martin, der wegen seiner Wohlthätigkeit bekannte Handelsmann, war weiter Niemand als der Anführer der Würger, das Haupt einer Mörderbande, in deren Schlupfwinkel die Polizei eine Nachsuchung angestellt, welche kein Ergebniß geliefert hat. Die Höhle war leer.«

»Diese Mittheilung erscheint mir sehr wichtig.«

»Ja, sehr wichtig in der That,« unterbrach der Graf Cardiano-Cardiani, »denn sie gibt Grund zu der Vermuthung, daß Louis Vernot ein Mitschuldiger des angeblichen Meister Martin sei."

„Ein Mitschuldiger der Würger von Paris!" rief der arme junge Mann mit Schmerz und Entrüstung, „und ein Mitschuldiger dieser Mörder wäre ich! — Sie sind es — Sie!"

Regina's Vater rief mit stolzer Miene, in welcher Zorn und Mitleid sich auf geschickte Weise mischten.

„Dieser Mensch hat den Verstand verloren. Fragen Sie ihn, wen man in dem Laden dieses Meister Martin, in diesem Schlupfwinkel von Räubern und Mördern, gefunden hat."

Louis Vernot machte eine Bewegung der Verzweiflung. Es war ihm, als fühlte er zwischen beiden Schultern die Klinge eines Messers, die ihm den ganzen Rücken durchschnitte. Dann senkte er wie zermalmt und vernichtet das Haupt.

„In dem Laden des Handelsmannes der Cité," fuhr der Graf in lauterem Tone fort, „fand man die Mutter dieses jungen Mannes und seiner Schwester, die Mutter, welche seither dem Anführer der Würger als Hüterin und Kundschafterin gedient hatte. Die Polizei hat sie nicht festgenommen, denn sie ist wahnsinnig, oder vielmehr sie weiß die Wahnsinnige mit großem Geschick zu spielen. Ihre Kinder haben sie wieder bei sich aufgenommen."

„Elender!" rief Vernot, indem er mit erhobenem Arm auf den Grafen losstürzte, „entehre mich, aber rühre nicht meine Mutter an!"

Der Beamte fiel Louis Vernot in dem Augenblick, wo

dieser einen Streich gegen seinen Ankläger führen wollte, in den Arm; diese Aufwallung der Kindesliebe dauerte aber nur wenige Secunden. Erschöpft durch so viele Schmerzen, so viele Erschütterungen, taumelte Mariens Bruder zurück, lehnte sich an die Wand, rang die Hände und brach in lautes Schluchzen aus.

»Herr Procurator,« sagte der Graf in würdevollem Tone, worin zugleich der angemessene Grad von Gemüthsbewegung lag, welchen ein solcher Auftritt in einem rechtschaffenen Mann erwecken mußte; »Herr Procurator, ich heiße, wie Sie wissen, Graf Cardiano-Cardiani und bin römischer Edelmann. Seit achtzehn Monaten wohne ich in Paris, wohin ich mit Briefen von allen Höfen Italiens gekommen bin. Mein gegenwärtiger Wohnsitz ist in Passy. Ich habe die Ehre der genauen Bekanntschaft des Herrn Polizeilieutenants von Crosne, welcher meine Salons mehrmals durch seine Gegenwart beglückt hat, als ich noch mein Hotel in dem Faubourg Saint-Germain bewohnte, wo ich ziemlich häufige Bälle zu Ehren meiner Tochter Regina veranstaltete. Wenn die Gerichtsbehörde in dieser ernsten Angelegenheit meines Zeugnisses bedarf, so werde ich nicht unterlassen, meine Pflicht zu thun und Ihren Herren Collegen sowohl als Ihnen selbst alle Aufschlüsse zu gewähren, die in meiner Macht stehen. Jetzt erlauben Sie mir wohl mich zu entfernen.«

Sobald der Graf fort war, näherte der Procurator sich Vernot, der auf einen Stuhl niedergesunken war und unbeweglich und wie betäubt die lange Rede seines ehemaligen Gönners angehört hatte.

„Louis Vernot," sagte der Beamte, „in Betracht aller der Umstände, unter welchen dieses geheimnißvolle Ereigniß in Ihrem Hause stattgefunden, bleibt mir noch eine schmerzliche Pflicht zu erfüllen übrig."

„Thun Sie Ihre Pflicht, mein Herr; ich bin auf Alles gefaßt."

„Man wird jetzt über das, was bis jetzt ermittelt und gesagt worden, ein Protokoll aufnehmen. Ich werde Sie bitten, dasselbe mit zu unterzeichnen, und mir dann zur Gerichtsstelle zu folgen, wo Ihre ausführlichere Befragung stattfinden wird."

„Und wird diese Befragung heute noch stattfinden?"

Der Beamte lächelte wehmüthig.

„Heute?" sagte er. „Nein, heute nicht, vielleicht aber morgen oder doch spätestens übermorgen."

„Aber warum wollen Sie mich dann jetzt schon hinführen, wenn die Befragung nicht heute stattfinden soll?"

„Weil Sie zur Untersuchungshaft gebracht werden müssen."

Der Unglückliche unterdrückte einen Schrei der Verzweiflung. Bald aber faßte er sich wieder.

„Ich stehe zu Befehl — mein Gewissen ist rein und meine Unschuld wird bald an den Tag kommen."

Marie hatte den ganzen Tumult gehört, der in dem Hotel stattfand. Sie war gleich zuerst mit hinuntergeeilt, als das Geschrei der auf der Straße unter ihren Fenstern versammelten Menge in ihr die Ahnung eines geschehenen Unglücks erweckte.

Als sie das tragische Ereigniß vernahm, war ihr

erster Gedanke, sich zu ihrem Bruder zu begeben, aber schon war die Polizei in dem Hotel. Vernot war mit dem Procurator in seinem Cabinet und die Polizeiofficianten wollten nicht das arme Mädchen zu ihm lassen, deren Angst sich ganz auf die Weise kundgab, wie man bei den Frauen unter solchen Umständen zu sehen gewohnt ist.

Sie mußte wieder in ihr Zimmer hinaufgehen, wo sie die Wirthstochter aus dem Patriarchenhofe nicht weniger aufgeregt fand, als sie selbst war.

Dem Unglück, welches ihren Bruder getroffen, gegenüber hatte Marie natürlich alle ihre eigenen Kümmernisse vollständig vergessen. Rosa war für sie nicht mehr eine Nebenbuhlerin, die Geliebte Gerard's, die ihr das Herz geraubt, dessen Zuneigung sie geträumt.

Sie sah in ihr hinfort nur eine Schwester, eine wirkliche Schwester, vor welcher sie mit Vertrauen ihren neuen Kummer ausschütten konnte, und Rosa bewies ihr bald, daß die Freundschaft, welche sie ihr widmete, keine übel angebrachte sein würde.

Während der ganzen Zeit, welche das Verhör dauerte, mischten die beiden jungen Mädchen, sich an einander schmiegend und auf jedes Geräusch lauschend, ihre Thränen.

Rosa war für die Personen, die ihr so großmüthig ein Asyl gewährt, von so tiefer Dankbarkeit durchdrungen, daß sie den Kummer ihrer Wohlthäter theilte und eben so fühlte, als ob es der ihrige gewesen wäre.

Sie dachte in den Stunden der Angst und Verwirrung selbst nicht mehr daran, daß Gerard diesen Morgen hatte wieder kommen wollen, aber gleichwohl noch nicht erschienen war.

Endlich glaubte Marie auf der Treppe ein Geräusch zu hören.

Sie eilte die Thür ihres Zimmers zu öffnen, und erblickte den Grafen Cardiano-Cardiani, der eben hinunterging.

»Siehst Du diesen Mann?« sagte sie zu Rosa. »Dieser ist es, von welchem uns das Unglück kommen wird. Dieser ist es, von welchem es uns vielleicht schon gekommen ist.«

Wieder verging eine Stunde. Dann ward auf einmal eine große Bewegung in dem Hotel bemerkbar, und Soldaten drangen in dasselbe ein.

»Mein Gott,« rief Marie, »was soll denn geschehen?«

Die beiden jungen Mädchen eilten hinaus auf die Treppe, wo sich ihren Augen ein herzzerreißender Anblick darbot.

Louis Vernot kam bleich, entstellt, mit erloschenem Blick zwischen mehreren Soldaten die Treppe herab. Ein Wagen, in welchem sich Gendarmen befanden, erwartete ihn an der Thür.

»Bruder, Bruder, mein armer Bruder!« rief Marie verzweiflungsvoll.

Als Louis Vernot diese Worte hörte, wäre er vor Schmerz beinahe niedergesunken; er hatte aber noch die Kraft, seiner Schwester zuzurufen:

»Ich bin unschuldig! Bete für mich und wir werden einander bald wiedersehen.«

Weiter hörte Marie nichts, denn sie sank ohnmächtig in Rosa's Arme.

Der Wagen, in welchen man Louis Vernot steigen ließ, nahm die Richtung nach der Cité.

Eine Viertelstunde später war der junge Bankier in das Arrestantenregister der Conciergerie eingetragen.

Die Niedergeschlagenheit und Traurigkeit der in dem großen weiten Hotel der Rue Saint=Honoré allein zurück= gebliebenen beiden Mädchen kann man sich leicht denken.

Anfangs wollte Marie dieses fluchbeladene Haus so= fort verlassen, Rosa aber hielt sie einfach mit den Worten zurück:

»Wo sollen wir hin? Und hast Du nicht deine arme Mutter noch hier? Warten wir ein wenig. Gerard wollte heute Morgen hier sein. Er kann nicht verfehlen zu kommen, es müßte ihm denn ebenfalls ein Unglück zugestoßen sein.«

»Mein Gott,« sagte Marie, »dies fehlte blos noch, um uns vollständig zu ruiniren. Gerards Außenbleiben ist in der That sehr auffallend.«

»Wenn er bis heute Abend nicht kommt, so schicken wir ihm einen Brief durch einen Commissionär oder durch Jemand hier aus dem Hause —«

»Wo sollen wir ihm aber diesen Brief hinschicken?«

»In seine Wohnung Rue de la Vieille Estrapade, hinter der Kirche Sainte=Geneviève.«

»Ah,« rief Marie, »Du kennst also seine Adresse?«

Das Frauenherz, welches liebt, verzichtet niemals ganz auf seine Rechte, selbst nicht unter Schmerzen und Bedrängnissen, welche seiner Neigung ganz ferne stehen.

So konnte auch Louis Vernot's Schwester eine Bewe= gung bitteren Grolles und stechender Eifersucht nicht unter=

drücken, als sie Rosa von Gerards Wohnung so genau unterrichtet sah.

Sie fragte sich, ob die Wirthstochter aus dem Patriarchenhofe auch wirklich so rein und keusch sei, wie der Freund ihres Bruders gesagt, ob ihre Liebe auch so unschuldig gewesen.

Rosa antwortete jedoch einfach:

„Gestern als ich nach dem furchtbaren Auftritt, den ich Dir erzählt, den Patriarchenhof verließ, ging ich mit dem wackern Mann, der mich vertheidigte, zum ersten Male zu Gerard. Es war ein großes Glück, daß mein Beschützer diese Wohnung kannte, denn was hätte sonst aus mir werden sollen? Ich hatte ja von dem Zufluchtsort, welchen man mir bereitet, durchaus keine Kenntniß."

Marie bereute ihren Argwohn und drückte Rosa mit überwallendem Gefühl an ihr Herz.

„Verzeihe mir," sagte sie zu ihr. „Das Unglück ist ungerecht und ich bin sehr unglücklich."

Die Tochter der Schenkwirthin betrachtete sie mit Verwunderung, denn sie verstand nicht diese Unruhe, brachte dieselbe aber auf Rechnung der stattgehabten Ereignisse.

Mittlerweile ward es Nacht und Gerard kam immer noch nicht zum Vorschein. Es mußte ein Entschluß gefaßt werden, denn Vernot's Schwester wollte um keinen Preis in dem Hotel bleiben. Rosa sagte daher:

„Wir müssen thun, wie ich Dir schon gesagt habe, und Jemanden mit einem Brief zu ihm schicken."

„Wohlan," sagte Marie, „so schreib ihm."

„Ach," entgegnete Rosa erröthend, „das ist unmöglich."

„Unmöglich. Warum dies?"

„Ich kann nicht schreiben. Diese Aufgabe mußt Du selbst übernehmen."

Marie begann zu zittern.

„Ich soll schreiben — ich soll an Herrn Gerard schreiben?"

„Ja wohl."

„Das kann ich nicht — das wage ich nicht. Nein, nein, Rosa, mach' ein anderes Mittel ausfindig."

Marie ward bald roth, bald blaß.

Rosa faßte ihre Hand. Diese Hand war glühend heiß.

Nun empfand Rosa unerklärliche Unruhe, sah ihre Freundin aufmerksam an und schüttelte dann ihr hübsches Köpfchen.

„Aber," hob sie dann an, „fort müssen wir von hier. Nimm Feder und Papier und schreibe in meinem Namen."

Dieser Mittelweg hob alle Schwierigkeiten und Louis Vernot's Schwester schrieb folgende Zeilen:

„Mein Freund, — sobald Du dieses Billet empfangen haben wirst, komm so schnell als möglich zu mir. Ein furchtbares Ereigniß hat heute Morgen in dem Hotel stattgefunden. Es ist ein Mensch ermordet und die Casse der Bank beraubt worden. Louis Vernot, den die Behörde festgenommen, ist im Gefängniß. Marie und ich wir sind allein hier, wir haben den Kopf verloren; wir wissen nicht, was wir beginnen sollen. Komm schnell! komm schnell!

„Rosa."

„Nun müssen wir den Brief auch absenden," sagte Marie, „aber wir dürfen uns Niemanden in diesem Hotel anvertrauen. So wie wir hier den Fuß über die Schwelle setzten, war es, als wären wir von einer ganzen Schaar Feinde oder Spione umringt.«

»Ich will dieses besorgen,« sagte Rosa. »Ich will selbst hinunter auf die Straße gehen und einen Commissionär suchen.«

Mit diesen Worten nahm sie ihre Capuze, warf dieselbe über und öffnete die Thür des Zimmers, prallte aber sofort wieder zurück.

»Gott sei gepriesen!« rief sie, »da ist Gerard!«

Gerard trat ein.

»Was ist denn geschehen?« fragte er.

Rosa reichte ihm den Brief. Der Student durchflog ihn binnen wenigen Secunden und ließ sich dann alle Ereignisse des Tages auseinandersetzen.

»Wir haben jetzt nicht Zeit, alles dies zu ergründen,« sagte er, »aber es ist klar, daß Louis das Opfer irgend einer furchtbaren Machination ist. Heute Morgen, in dem Augenblick, wo ich mich dem Versprechen gemäß, welches ich gestern Abend Mariens Bruder beim Abschied gegeben, anschickte hierherzugehen, kam Jemand zu mir und hielt mich wegen einer Angelegenheit zurück, die vielleicht mit der Katastrophe, welche sich hier ereignet hat, im Zusammenhange steht. Jetzt haben wir keine Zeit zu verlieren. Ihr dürft keine Stunde länger in diesem Hause bleiben. Wartet zehn Minuten; ich will Euch hier in der Nähe ein möblirtes Zimmer suchen. Doch, da fällt mir ein, Marie — habt Ihr nicht noch eure beiden Zimmer in dem Hause des Färbers?«

„O," rief Marie, „ich mag nicht wieder in jene fluchbeladene Straße, wo unser Unglück angefangen hat!"

Gerard ging fort und kam nach Verlauf einer halben
Stunde wieder.

Er hatte ein kleines möblirtes Zimmer in der Rue des
Moineaug gefunden und es sogleich auf einen Monat für
drei angebliche Verwandte, eine alte Frau und zwei junge
Mädchen, die eben vom Lande kämen, gemiethet.

Rosa, Marie und die arme Nelly, welche ihr blöd-
sinniger Zustand gegen Alles was um sie her vorging, völlig
gleichgiltig machte, verließen das Hotel der Rue Saint-
Honoré.

Marie wollte von allen den Luxusgegenständen, die
ihr Bruder ihr gekauft, nichts mitnehmen. Sie legte sogar
ihr bescheidenes Kleid und den schlichten Kopfputz wieder
an, den sie getragen, als sie weiter nichts als eine einfache
Arbeiterin war, und packte ihre übrigen, aus der guten Zeit
ihrer Armuth herrührenden Sachen in ein kleines Packet
zusammen.

Sie durchschritten die Rue Honoré, um in die Rue
d'Argent einzubiegen, als ein in einem Thorweg versteckter
Mensch ihnen zu folgen begann und sich einige Schritte hinter ihnen haltend, bis an das möblirte Haus der Rue des
Moineaug nachschlich, wo er sie eintreten sah.

Hier versteckte er sich wieder in einem dunklen Winkel, und
als Gerard, nachdem er Rosa, Marie und die alte Nelly in ihr
Zimmer gebracht, wieder herauskam, näherte sich ihm der
Unbekannte, legte ihm die Hand auf die Schulter und sagte:

„Junger Mann, Sie besitzen ein edles Herz, aber

hüten Sie sich wohl, sich ohne Noth selbst zu compromittiren, indem Sie zugleich den Freund compromittiren, dem Sie gern helfen möchten."

„Wer seid Ihr?" fragte Gerard, indem er einen Schritt zurücktrat, und die Züge dessen, der ihn auf diese Weise anredete, beim Schein einer nicht weit von dieser Stelle der Straße hin- und herschankelnden Laterne zu unterscheiden suchte.

Der geheimnißvolle Unbekannte hatte den Kopf fast ganz in seinen Mantel gehüllt.

„Ich bin der Freund der Leidenden, der Schwachen, der Kleinen und der Unterdrückten. Hören Sie mich an und merken Sie wohl, was ich Ihnen sagen will. Zunächst handelt es sich um Ihre eigene Sicherheit. Ich weiß wohl, wenn man einen muthigen jungen Mann auf eine persönliche Gefahr aufmerksam macht, so reizt man ihn mehr dazu, als man ihn davon zurückhält; aber bedenken Sie, daß Sie, wenn Sie sich selbst preisgeben, auch Ihren unglücklichen Freund preisgeben würden."

„Louis Vernot!" unterbrach der Student mit dem größten Erstaunen.

„Ja, Louis Vernot, der sich in diesem Augenblicke in der Gewalt eines mächtigen Mannes und einer furchtbaren Machination befindet. Alle Anstrengungen, die Sie machen würden, um ihn dem Abgrund, in welchen er gestürzt ist, zu entreißen, würden seine Lage nur noch gefährlicher machen. Sie selbst würden vielleicht nicht irgend einem höllischen Fallstrick entrinnen und Ihr Freund wäre auf diese Weise einer Stütze und eines Beistandes beraubt, der von hohem Werthe für ihn sein könnte, wenn Sie zu warten wissen.«

»Aber,« sagte der junge Mann, »welche Bürgschaft geben Sie mir für die Uneigennützigkeit dieses Rathes, für die Reinheit Ihrer Absichten? Denn diese seltsame Anrede bei nächtlicher Weile, diese zweideutigen Worte — alles dies ist vielleicht nichts weiter als eine meiner Leichtgläubigkeit gelegte Schlinge.«

»Wünschen Sie, daß ich Ihnen ein Unterpfand für die Wahrheit meiner Worte gebe?«

»Das möchte Ihnen schwer werden.«

»Vielleicht, vielleicht auch nicht. Gehen Sie noch heute Abend zu Ihrem Vater, dem Doctor Peyrotte, und sagen Sie ihm bloß Folgendes: »Lieber Vater, kann ich Vertrauen zu dem Manne haben, der Ihnen bei der Rettung des Vicomte Jules von Berwilly behilflich gewesen ist?«

»Ich werde hingehen,« antwortete Gerard.

»Und wenn er Ihnen sagt, daß Sie Vertrauen haben sollen, schwören Sie mir dann, keinen Schritt zu Louis Vernot's Gunsten eher zu thun, als bis ich Ihnen den sicheren, untrüglichen Weg zu seiner Rettung angedeutet habe?«

»Aber wir können ihn doch nicht so in jenem schrecklichen Gefängniß seiner Verzweiflung überlassen!«

»Seine Schwester und Rosa, Ihre Braut, werden ihn besuchen und ihn trösten. Also, was antworten Sie mir?«

»Wohlan, ich schwöre Ihnen zu thun, wie Sie von mir verlangen, wenn mein Vater sagt, daß ich Vertrauen zu Ihnen haben kann.«

»Gut,« sagte der Unbekannte; »in kurzer Zeit sollen Sie wieder von mir hören.«

Obschon der Abend bereits weit vorgerückt war, so wollte Gerard, dessen Phantasie durch alle diese Ereignisse in die größte Aufregung versetzt worden, die Frage, die er an seinen Vater richten sollte, nicht auf den nächsten Tag verschieben.

Er lenkte daher seine Schritte in aller Eile nach dem Boulevard Montparnasse, wie gefährlich es auch war, in finsterer Nacht diese abgelegenen, öden Stadttheile, den Sammelplatz von Dieben und Strolchen, zu passiren.

Endlich langte er vor dem Pavillon an, den der Doctor Peyrotte bewohnte und welchen er kannte, obschon sein Vater, wie wir bereits gesagt, ihn noch niemals in diese Wohnung hatte kommen lassen, wo er der uns bekannten seltsamen Industrie oblag.

Er hob den Klopfer der kleinen Thür und ließ ihn mit Geräusch niederfallen. Ein schwerer Tritt ließ sich hören und es dauerte nicht lange, so fiel ein schwacher Lichtschimmer durch die Spalten der Thür.

Der Skelettfabrikant öffnete ein kleines vergittertes Guckfenster und zeigte durch diese Oeffnung hindurch sein mageres, gelbes, spitziges, von dem Schein einer Laterne beleuchtetes Gesicht.

»Wer ist denn da?« fragte er in mürrischem, rauhem Tone. »Was wollt Ihr zu so später Stunde?«

»Ich bin es — Gerard, Ihr Sohn.«

»Gerard!« rief Peyrotte. »Gerard!« wiederholte er im Tone des Erstaunens.

„Sie brauchen mir die Thür nicht erst zu öffnen. Ich habe eine einzige Frage an Sie zu richten."

„Du hast eine Frage an mich zu richten? Wie seltsam! dann hat es wohl mit dieser Frage große Eile?"

„Kann ich Vertrauen zu dem Manne haben, der Ihnen bei der Rettung des Vicomte Jules von Bervilly behilflich gewesen ist?"

„Ob Du Vertrauen zu dem Doctor Sa —"

Der Skelettfabrikant stockte, ohne den Namen vollends auszusprechen, dann hob er wieder an:

„Ich weiß nicht, warum Du diese Frage an mich richtest, aber was auch der Zweck derselben sein möge, so sage ich: Ja, Du kannst Vertrauen zu ihm haben! er ist der Freund aller Leidenden."

„Gut, gut," sagte Gerard. „Ich danke Ihnen, lieber Vater. Weiter will ich nichts von Ihnen."

Und der Student entfernte sich rasch, um seine Wohnung in der Rue de la Vieille Estrapade zu gewinnen.

Er verlor sich in ein Labyrinth von Betrachtungen, aus welchem er keinen Ausweg sah, jedenfalls aber war er nach dem, was sein Vater ihm gesagt, fest entschlossen, auf alle Fälle und was auch kommen möchte, den Instructionen seines geheimnißvollen Rathgebers gewissenhaft zu folgen.

Vierzehntes Capitel.

Eine unverhoffte Entwickelung.

Pelagie hatte nach dem Weggange des Chevalier von Roswil die erkünstelte Energie, welche sie an den Tag gelegt, indem sie die Anerbietungen ihres Geliebten zurückwies und jeden definitiven Entschluß auf den nächstfolgenden Tag verschob, bald wieder erschlaffen gefühlt.

Georges hatte sie aufgefordert, zu fliehen und sich dem unheilvollen Willen dessen, der sie in ein Werkzeug zum Bösen verwandelt, zu entreißen. Er hatte sich erboten, sie sofort in ein Asyl zu bringen, in welchem sie, die Welt vergessend und von dieser vergessen, in Einsamkeit und stiller Sammlung ihr Herz so zu sagen von Neuem schaffen könnte.

Sie hatte sich aber geweigert, oder vielmehr ihren Entschluß aufgeschoben, um dem Chevalier Zeit zu lassen, gegen jede Uebereilung, die er später bereuen könnte, auf der Hut zu sein.

Es war dies schön und edelmüthig von Pelagie. Dieses Zartgefühl, nur der Vernunft und einem ernsten Gefühl etwas zu verdanken haben zu wollen, bewies schon allein, daß sie jener Wiedereinsetzung in den Stand der Ehre wür=

dig war, welche sie schon seit so langer Zeit geträumt und welcher sie seit einigen Monaten näher zu sein geglaubt als sonst.

„Wenn," hatte sie zu Herrn von Roswil gesagt, „wenn Sie morgen sich nicht anders besonnen haben, wenn Sie dann immer noch entschlossen sind, mich dem Abgrund zu entreißen, in welchen ich gestürzt bin, wohlan dann werde ich Ihnen blindlings gehorchen."

Der Chevalier hatte aber, wie wir gesehen, noch nicht zwanzig Schritte in der Straße des Minimes zurückgelegt, als Pelagie ihre Großmuth und ihr Zartgefühl auch schon bitter bereute.

„Ach," dachte sie, „wenn nun die Betrachtungen, welche er auf meinen Wunsch anstellen soll, um seiner wahren Gesinnungen gewiß zu sein, ihn wirklich zu einem andern Entschluß bestimmten! Ich hätte sein Anerbieten ohne Zögern annehmen sollen. Thörin, die ich war, daß ich das Glück nicht im Fluge erhaschte, daß ich diese Möglichkeit der Rettung vielleicht unwiederbringlich entschwinden ließ."

Aber Georges von Roswil kam wieder. Er hatte sich nicht anders besonnen. Er bot Pelagie dieselbe Hingebung und dieselben Mittel zur Rettung, und diesmal willigte sie in Alles, was er verlangte.

Dennoch aber weigerte sie sich abermals, ihm den Namen des Mannes zu nennen, der sie in dieses Haus zu dem alten Procurator gebracht.

„Später," sagte sie, „sollen Sie auch die geringsten Einzelheiten dieser traurigen und schmachvollen Angelegenheit erfahren. Heute will ich Sie nicht einer ernsten Gefahr aussetzen. Dieser Mann scheint, wie ich Ihnen schon gesagt habe, eine furchtbare Macht auszuüben. Sie würden vielleicht irgend eine Unklugheit begehen; Sie würden von ihm Rechenschaft für seine schändliche Handlungsweise verlangen und, wie ich überzeugt bin, in einem ungleichen Kampfe unterliegen. Es gibt nur Eins zu thun, nur einen Entschluß zu fassen, nämlich zu fliehen, so schnell als möglich zu fliehen."

Es war demzufolge zwischen Pelagie und Georges verabredet, daß letzterer das Haus in der Rue des Minimes nicht mehr besuchen sollte, um keinen Verdacht zu erwecken. Dagegen sollte er am übermorgenden Tage Abends zehn Uhr mit einer Postchaise auf der Place Saint-Antoine vor der Passage des Arsenals halten.

Der Chevalier besaß ein Landgut an den Ufern der Marne, etwa zehn Stunden von Paris entfernt. Dorthin wollte er Pelagie bringen, noch in derselben Nacht wieder nach Paris zurückkehren, sich an den öffentlichen Orten und in den Häusern, die er gewöhnlich zu besuchen pflegte, zeigen und auf diese Weise alle Nachforschungen vereiteln.

Uebrigens sollte er nur ganz selten nach Tremblaie — so hieß das Landgut — kommen, bis die Ereignisse sich bestimmt genug ausgeprägt haben würden, um ihm zu erlauben, einen definitiven Entschluß zu fassen.

Georges war mit Allem einverstanden, was Pelagie verlangte, und gab jedes Versprechen, welches sie ihm abforderte, indem er sich zugleich im Stillen vornahm es zu brechen und sich seinen Ungehorsam verzeihen zu lassen, sobald er seine Geliebte den unmittelbaren Gefahren, welche ihr zu drohen schienen, entrissen haben würde.

Als sie einander verließen, benahmen Hoffnung und Gewißheit nahen Glückes dieser kurzen Trennung alle Traurigkeit.

Pelagie's Antlitz strahlte vor Freude; sie fühlte schon ein neues Leben in sich erwachen, sie sah endlich jenen unerwarteten Hafen, welchen sie in Folge des beklagenswerthesten Looses niemals erreichen zu können glaubte.

Schon erwachten alle guten Triebe, alle redlichen Gedanken, die ihr überhaupt niemals, selbst nicht in ihren schlimmsten Tagen, gänzlich untreu geworden, mit Macht wieder in ihrer Seele.

Die neue Existenz, welche sich ihr eröffnete, wäre für ein Weib, das niemals von dem geraden Pfade der Pflicht abgewichen, für ein in der geheiligten Atmosphäre des Familienlebens aufgewachsenes Mädchen ein tiefer Fall gewesen, für die Courtisane aber war sie — dies darf man nicht vergessen — eine förmliche Wiedergeburt.

Der zur Flucht festgesetzte Augenblick war endlich da.

Der Chevalier war schon lange vor der bezeichneten Stunde mit einer Postchaise auf der Place Saint-Antoine. Er war von jenem Fieber der Ungeduld und Begier ergriffen, welches das kostbare Vorrecht der Jugend ist und welches der zu einem reiferen Alter gelangte Mensch blos deshalb so sehr tadelt, weil diese mächtige Triebfeder des Erfolgs in seinem Herzen ihre Spannkraft verloren hat.

Er zählte die Minuten.

Es schlug zehn Uhr.

In dem Schatten, den die hohen Thürme der Bastille warfen, versteckt, durchdrangen seine Augen das nächtliche Dunkel, aber kein Mensch war auf dem öden Platze sichtbar.

Es schlug halb eilf, dann eilf und Pelagie war immer noch nicht da.

Nun konnte Georges sich nicht länger halten. Er instruirte den Postillon und nahm die Richtung nach der Rue des Minimes durch die Straßen und Gäßchen, welche Pelagie selbst eingeschlagen haben würde.

So gelangte er, ohne ihr begegnet zu sein, bis vor das Haus Nr. 13.

Er pochte kräftig an. Mouillebouche kam, um ihm mit aller möglichen Vorsicht zu öffnen.

»Frau von Lincy?« fragte Georges.

»Frau von Lincy,« antwortete der ehrliche Portier, »ist zu Hause, aber mein Herr, eine so späte Stunde ist wohl kaum zum Besuch einer Dame erlaubt.«

Der Chevalier schob Mouillebouche auf die Seite und ging rasch die Treppe hinauf.

»Um Mitternacht — um Mitternacht,« murmelte der Portier. »Ach, armer Herr Desescameaux!«

Bei dem Geräusch, welches der durch Leidenschaft und langes Warten aufgeregte Chevalier beim Eintreten machte, kam Pelagie herbeigeeilt.

Ohne auf die Spuren von Verstörtheit in ihrem Gesicht und vergossener Thränen zu achten, rief Georges:

»Mein Gott, ich fürchtete, es wäre Ihnen ein Unglück zugestoßen! Kommen Sie! kommen Sie! die Postchaise wartet schon seit zwei Stunden.«

»Mein Freund,« antwortete Pelagie in mattem Tone, der aber nicht ohne Festigkeit war, »wir müssen allen unseren Projecten entsagen. Ich kann Ihnen nicht mehr folgen."

Das an diesem an Ereignissen so fruchtbaren Tage Geschehene war Folgendes:

Nachdem der Graf Cardiano-Cardiani von dem Procurator auf die uns bekannte förmliche Weise Abschied genommen, war er nach Hause zurückgekehrt.

Hier begab er sich zunächst zu seiner Tochter.

Regina triumphirte.

Jules von Bervilly hatte die Schwäche gehabt, an seine Mutter nach Schloß Kerouet den von der gebieterischen Italienerin verlangten Brief zu schreiben, und die Feigheit begangen, Regina selbst diesen Brief zu zeigen, welcher Louisens Herz zerreißen sollte.

Die Tochter des Grafen Cardiano-Cardiani hatte diesen Brief, ehe sie ihn nach Kerouet absendete, wohl zwanzigmal gelesen und weidete sich noch an dieser Lecture, als ihr Vater eintrat.

„Du hier," sagte sie, indem sie ihm den Brief zeigte, „er hat geschrieben."

„Ha!" rief der Graf freudig, „dein Glück ist also endlich gesichert."

„Mein Glück?" wiederholte Regina mit eigenthümlicher Betonung. „Sieh, lieber Vater, ich will ganz offen sein. Dieser Brief wird Schmerz, ja vielleicht den Tod dorthintragen, aber dennoch möchte ich die Person sein, an welche er bestimmt ist."

„Was sagst Du? Der Vicomte bricht ja geradezu und vollständig mit seiner Familie."

„Allerdings — er erklärt diesen Bruch in klaren, bestimmten Worten."

„Und er spricht ja auch von seinen neuen Heiratsprojecten."

„Er thut mehr als dies. Er bittet seine Mutter, seiner Vermälung mit der Tochter des Grafen Cardiano-Cardiani kein Hinderniß in den Weg zu legen."

„Nun, und Du bist nicht glücklich? Was fehlt denn deinem Glück noch, Regina?" fragte der Graf im Tone unaussprechlicher Zärtlichkeit und unruhiger Besorgniß.

„Es fehlt dazu allerdings nur sehr wenig," sagte Regina, deren Blick sich umdüsterte; „weiter nichts als — die Liebe des Vicomte von Bervilly. Diese Louise, welche er nun meinetwillen verläßt und welcher seine Treulosigkeit, wie ich hoffe, das Leben kosten wird, diese liebt er immer noch, vielleicht ohne sich selbst darüber klar zu sein."

„Wehe ihm, wenn er meine Hoffnungen täuscht!" rief Regina's Vater.

Filoche erwartete den Grafen Cardiano-Cardiani in seinem Cabinet.

„Nun," hob er an, „wie ist die Unterredung mit dem Bankier ausgefallen?"

„Louis Vernot befindet sich gegenwärtig höchst wahrscheinlich in den Händen der Justiz."

„Bravo! Und haben Sie vielleicht etwas von einem gewissen Coquard gehört, den man wahrscheinlich zu Tode betrunken in dem Wirthshause zum „Ecu Dauphin" unter einem Tisch gefunden hat?"

„Der Beamte, welcher Louis Vernot verhörte, ist geneigt zu glauben, daß der räthselhafte Tod dieses Individuums, in welchem man ein Mitglied der Bande der Würger erkannt hat, in gewisser Beziehung zu dem bei dem Bankier stattgehabten Ereigniß steht, und zwar um so mehr, als er meinen ehemaligen Schützling stark in dem Verdacht hat, selbst der ehrenwerthen Gesellschaft des Meister Martin angehört zu haben."

"Nun, dann können wir also in dieser Beziehung ruhig schlafen," sagte Filoche mit einer frömmelnden Miene, die wahrhaft drollig anzusehen war. "Dieser Fang von sechs Millionen ist augenscheinlich unser glänzendstes Geschäft und wenn Sie meinem Rath folgen wollen, so begnügen wir uns damit. Was wollen Sie mit den armseligen paar Pfennigen des alten Procurators machen? Das Spiel ist nicht das Licht werth, welches wir dabei verbrennen."

"Du hast vielleicht Recht, Filoche, aber die Sache ist einmal angefangen und wir müssen sie auch vollends durchführen."

"Sind Sie dieser Pelagie sicher?"

"Sie ist gänzlich in meiner Gewalt und Du mußt, da Du sie selbst überwachst, gesehen haben, wie gelehrig sie ist."

Filoche zog eine Grimasse, welche gerade keine sehr tiefe Ueberzeugung verrieth.

Der Graf Cardiano-Cardiani sah ihn verwundert an.

"Sollte dieses Mädchen uns verrathen? Sprich! Was weißt Du?"

"Der Chevalier von Roswil befindet sich seit einigen Tagen wieder in Paris."

»Nun, und?«

»Die ehemalige Haushälterin des Herrn Desescameaux hat ihn aufgesucht und ihm gesagt, daß die sogenannte Frau von Lincy, welche binnen Kurzem den alten Procurator heiraten soll, Niemand anders ist, als die Demoiselle Pelagie, die ehemalige Figurantin der Oper, und daß ferner diese Pelagie eine und dieselbe Person mit der geheimnißvollen Olympia, dem Gegenstande seiner romantischen Liebe, ist.«

»Aber woher hat Ursula diese Einzelheiten erfahren?« rief der Graf Cardiano-Cardiani.

»So weit gehen meine Mittheilungen nicht. Ich habe dieselben von dem Kammerdiener des Chevaliers, der einer unserer Leute ist. Sobald als Herr von Roswil erfahren hat, wo seine Olympia wohnt, ist er zu ihr geeilt. Erkennung, Erklärung, Geständniß, Entrüstung, Aufregung und Aussöhnung — es ist ja so leicht, Alles zu errathen, was zwischen einer Dame, die Erfahrung besitzt, und einem Verliebten unter solchen Umständen nothwendig vorgegangen sein muß. Der Chevalier hat Alles verziehen, und heute Abend zehn Uhr erwartet er Pelagie auf der Place Saint-Antoine mit einer Postchaise. So steht also jetzt Ihr Geschäft mit Herrn Desescameaux. Hatte ich Unrecht, als ich Ihnen rieth, es aufzugeben?«

Der Graf Cardiano-Cardiani stieß eine dumpfe Verwünschung aus. Nach dem glänzenden Gelingen des Raubes in der Rue Saint-Honoré konnte er ohne Bedauern auf ein Unternehmen verzichten, dessen Ergebnisse von weit bescheidenerer Art sein mußten, und welches übrigens auch ziemlich große Schwierigkeiten darbot, ehe es zu einem glücklichen Ende geführt werden konnte.

Selbst in die schlimmsten Thaten des Menschen mischt sich aber immer noch etwas Edles und Erhabenes.

Der Bandit, der des Nachts auf der Heerstraße dem Reisenden auflauert, um ihn zu berauben, und wenn er den geringsten Widerstand leistet, zu erdolchen; der Kaufmann, welcher nach falschem Gewichte verkauft; der treulose Comptoirist, welcher sich zu Fälschungen und Unterschlagungen verleiten läßt; die Frau, welche ihren Mann betrügt, der falsche Freund, der auf die Frucht des Verrathes speculirt — alle diese Leute werden nicht ganz ausschließlich von ihren niedrigen Trieben, von der Gier nach Gewinn oder von der Befriedigung ihrer leidenschaftlichen Gelüste beherrscht.

Wenn der Bandit in seinem Handwerk ein wenig alt geworden ist, wenn der betrügerische Handelsmann sein rechtschaffenes Gewerbe blühen sieht, wenn dem Comptoiristen seine Fälschungen gelingen, wenn die Frau drei oder vier Liebhaber gehabt, wenn der Freund drei oder vier kleine Schändlichkeiten begangen, die man mit dem Namen der Geschicklichkeit maskirt — dann tritt bei diesen Leuten unvermeidlich ein neues Gefühl zu Tage. Sie stehlen und betrügen nämlich nicht mehr um des Gewinnes willen, den sie davon haben, sondern um der Befriedigung willen, die ihnen der Erfolg gewährt. Sie sind dann wie Jäger, die sich für einige Stücke Geld ohne Mühe das schönste Stück Wild verschaffen könnten, welches jemals ein Nimrod in Ledercamaschen geträumt, die aber dennoch dem fetten Reh, dem saftigen Fasan, den man jede Stunde bei dem Wildprethändler kaufen kann, einen alten magern Hasen vorziehen, den sie endlich, nachdem sie zehn Stunden lang auf dem Felde herumgelaufen, durch einen Flintenschuß erlegt haben.

Bei diesem tiefen und gebieterischen Gefühl der Liebhaberei war Regina's Vater schon seit längerer Zeit angelangt.

Er fand Vergnügen daran, die verschiedenartigsten Mittel zur Durchführung seiner Pläne zu ersinnen, und die Gefahren waren für ihn vollends der gewaltigste Sporn.

Deßhalb antwortete er Filoche, nachdem er eine Weile nachgedacht:

„Ich sollte das Geschäft mit Desescameaux aufgeben? Im Gegentheile ist jetzt der Augenblick da, wo es mit vermehrter Energie betrieben werden muß."

„Aber ich habe Ihnen doch schon gesagt, daß die Beiden heute Abend abreisen werden."

„Sie werden nicht abreisen — damit ist die Sache abgemacht."

„Pelagie und der Chevalier haben sich gegenseitig erklärt. Letzterer kennt die Vergangenheit der Courtisane jetzt vollständig. Er hat mit ihr gesprochen und Sie können sie jetzt durch die Drohung, ihre Schande zu offenbaren, nicht mehr beherrschen. Allerdings können Sie den Plänen des Liebespaares durch List oder Gewalt Hindernisse in den Weg legen, aber wozu würde dies dienen? Es gibt fortan keine Frau von Lincy mehr, die den Leidenschaften des alten Procurators gelegte Schlinge ist zerrissen, und wenn Sie nicht vielleicht wieder auf die dicke Ursula zurückkommen wollen, was mir übrigens ziemlich schwierig zu sein scheint—"

Der Graf Cardiano-Cardiani warf einen mitleidigen Blick auf Filoche. Dann ging er, ohne ein einziges Wort zu entgegnen, in ein Nebenzimmer und gab seinem Vertrauten durch einen Wink zu verstehen, daß er warten solle.

Kaum waren zehn Minuten vergangen, so erschien er wieder in jenem Costüm, in welchem wir ihn schon in der Rue de la Calandre gesehen.

Er trug Beinkleider, Weste und eine lange Jacke von grünlichem, abgenütztem und an den Knieen, den Ellbogen und den Schultern fadenscheinig und weißgewordenem Sammt. Sein weißes Haar verschwand unter einer braunen Perrücke mit kurzem struppigen Haar. Seine gerade Gestalt, das schöne Ebenmaß seiner Glieder, sein gewohntes nobles Ansehen, die ganze distinguirte Haltung seiner Person hatte dem plumpsten, gemeinsten Gauge und Geberdenspiele Platz gemacht. Der Obertheil seines Körpers schien stärker geworden zu sein, seine breiten Schultern waren ein wenig gekrümmt und verriethen die Gewöhnung an Handarbeit.

Die Umwandlung war mit einem Worte vollständig und Niemand hätte in dieser Erscheinung den römischen Edelmann wieder erkannt.

Filoche gab beim Anblick des auf diese Weise herausstaffirten Grafen keinerlei Erstaunen zu erkennen, sondern nahm, sich den Verhältnissen anpassend, sofort selbst die Sprache und Manieren eines Mannes aus dem Volke an.

„Meister Martin kehrt in seinen Laden in der Rue de Calandre zurück," sagte er. „Wenn Sie einen Commissionär brauchen, so bitte ich Sie sich nicht zu geniren. Man wird sofort seinen Haken und seine Karre holen."

„Ich gehe zu Pelagie," sagte der Graf. „Noch ehe es Abend wird, hat der Chevalier von Roswil seinen Abschied empfangen und Frau von Lincy ist mehr als je die Braut des alten Procurators."

„Soll ich Ihnen folgen?"

„Nein, heute arbeite ich allein."

„Nun, dann wünsche ich viel Glück, Meister Martin."

Der Graf warf sodann noch einen großen Mantel um, verließ das Schloß mittelst einer verborgenen Thür, welche aus dem Hintergrunde des Parks auf einen Querweg führte, erreichte die Barrière Saint-Martin, wo er einen Fiaker traf, und ließ sich dann nach der Rue des Minimes fahren.

Sein Plan war schon entworfen, aber er hatte unterwegs Zeit, die Wirkungen desselben zu studieren.

Bei Meister Martins Anblick gerieth Pelagie, welche eben mit den Anstalten zu ihrer Abreise beschäftigt war, in nicht geringe Bestürzung.

Sie begriff sofort, daß dieser Besuch Alles über den Haufen werfen würde, daß es mit ihren Träumen von einer glücklichen Zukunft aus sei, daß ein unversöhnliches Schicksal sie wieder in den Schlamm hinabdrückte.

Wie das geschehen sollte, wußte sie nicht, aber das Resultat war für sie eine Gewißheit, auch wenn die Mittel noch in Dunkel gehüllt waren.

Sie sprach kein einziges Wort, sondern erwartete zitternd, daß der ehemalige Handelsmann der Cité ihr den Zweck seines Besuches auseinandersetzen würde.

Meister Martin verlängerte absichtlich ihre Angst, dann sagte er:

„Sie erwarteten wohl nicht, mich heute zu sehen? Aber so zittern Sie doch nicht so, mein Kind. Ich habe allerdings unrecht an Ihnen gehandelt; ich habe von einer förmlichen moralischen Gewalt Gebrauch gemacht, um Sie zu zwingen, meinen Plänen zu dienen — Pläne, welche Ihnen verabschenungswürdig erschienen sind. Ich komme daher jetzt, um Sie zu bitten, mir zu verzeihen und das Ihnen zugefügte Unrecht zu vergessen, so wie auch, um von Ihren theuersten Interessen mit Ihnen zu sprechen."

Bei dieser wohlwollenden, fast väterlichen Sprache, welche sie weit entfernt war zu erwarten, begann Pelagie wieder Beruhigung zu fassen und zwar um so mehr, als Meister Martin nichts von Herrn Desescameaux sagte, ebensowenig als von der Rolle, die er ihr aufgenöthigt, und weil er von der Wiederankunft des Chevalier von Roswil und ihrem Fluchtplan nicht die mindeste Kenntniß zu haben schien.

Der vermeinte Handelsmann bat sie Platz zu nehmen und sagte:

„Glauben Sie, daß die Fragen, welche ich an Sie richten werde, mir nur durch das lebhafte Interesse dictirt werden, welches ich an Allem nehme, was Sie betrifft. Dieses Interesse kommt Ihnen sonderbar vor, nicht wahr? Sie sollen aber sogleich erfahren, worin es seinen Grund hat."

„Sprechen Sie, mein Herr," entgegnete Pelagie, welche nicht wußte, was sie denken sollte.

„Sie haben Ihre Eltern nicht gekannt, nicht wahr nicht?" hob Meister Martin wieder an, „und Sie sind von einer Frau erzogen worden, die sich stets geweigert hat,

Ihnen über Ihre Familie oder über die Ereignisse, in deren Folge Sie ihrer Sorgfalt anvertraut worden, Auskunft zu geben?"

"Dies ist zum Theil wahr. Die Frau, von der Sie sprechen, war allerdings nicht meine Mutter, aber niemals habe ich in Bezug auf meine Familie eine Frage an sie gerichtet und sie hat mir nicht etwas verschweigen können, was ich nicht zu wissen verlangt."

"Darauf kommt weiter nicht viel an. Der wesentliche Punkt in Bezug auf die Sache, die mich zu Ihnen führt, ist der besondere Umstand, daß Ihre Eltern Ihnen unbekannt sind. Wohlan, Pelagie, ich glaube, der Familie, deren Schutz und Zärtlichkeit Ihnen in Ihrer Kindheit versagt war, auf der Spur zu sein. Hier nehmen Sie das da. Diese Lectüre wird vielleicht in Ihnen einige ferne Erinnerungen, das Echo einer Vergangenheit erwecken, die Ihrem Gedächtniß entschwunden ist."

Mit diesen Worten überreichte er ihr ein Manuscript, welches sie aufschlug.

"Jacques Herbin's Geständnisse," las sie. "Was ist das?"

"Lesen Sie selbst und Sie werden es sehr bald verstehen."

Das Manuscript bestand aus ungefähr zwanzig Seiten und war weiter nichts als ein Auszug aus den Memoiren des ehemaligen Abbé Herbin, welche die ersten Capitel unserer Geschichte bilden.

Es dauerte nicht lange, so schien Pelagie an dieser Lectüre ein sehr lebhaftes Interesse zu finden, und Meister

Martin verfolgte aufmerksam die Spuren desselben auf ihrem Gesicht.

Als sie fertig war, sagte sie mit einer gewissen Aufregung:

»Welcher Zusammenhang besteht zwischen dieser tragischen Erzählung und Ihrem Besuch?«

»Haben Sie es noch nicht errathen?«

Sie schüttelte verneinend den Kopf.

»Dieses Kind, diese von Jacques Herbin entführte Waise, welche dieser ihrer Mutter, der Gräfin von Givré, zurückgeben wollte und deren Lambert's Maitresse sich bemächtigte, um eine grausame Rache fortzusetzen —«

»Nun und?« rief Pelagie, deren Gemüthsbewegung immer höher stieg.

»Nun, dieses Kind sind Sie!«

»Ich!« rief sie, »ich wäre die Tochter der Gräfin von Givré! O mein Gott! meine Sinne drohen sich zu verwirren. Warten Sie. — Sie sprechen vielleicht die Wahrheit. — Ja, jene unklaren, unsicheren Erinnerungen — jene Träume, jenes herrliche Gefilde mit Blumen, mit Vögeln, wo ich mich als ganz kleines Kind sehe, und dann jenes große Haus von ödem, feierlichem Ansehen — jenes so sanfte wohlwollende Gesicht, welches sich über mein Lager neigte — ja, das ist das Schloß Givré — das ist das Haus in Versailles — das ist meine Mutter. Und dann jenes Medaillon, von welchem Frau von Saint-Phar eines Tages mir unklugerweise erzählte und welches ich ihr stahl, ehe ich sie verließ.«

Sie ging das Medaillon zu holen, welches sie am Abende vorher dem Chevalier Georges von Roswil gezeigt.

Was Meister Martin betraf, der alle Wirkung seiner Enthüllung vorausgesehen zu haben glaubte, so war er die Beute einer Gemüthsbewegung ganz anderer Art, die aber der Pelagie's wenigstens gleichkam.

„Sollte ich in Folge des seltsamsten Zufalls die wirkliche Erbin des Hauses Givré gefunden haben?" sagte er bei sich selbst.

„Hier," sagte Pelagie, indem sie ihm das Medaillon zeigte, „dies da ist, wie ich überzeugt bin, das Bildniß meiner Mutter."

„Ich habe die Gräfin nicht gekannt," antwortete Meister Martin, „obschon ich früher zu ihrer Familie in Beziehungen gestanden habe, von welchen ich Ihnen später erzählen werde und welche das Interesse erklären, das ich an dieser Sache nehme. Aus der edeln, distinguirten Erscheinung dieses Porträts aber läßt sich vielleicht mit Recht der Schluß ziehen, daß es wirklich die Gräfin Hermine von Givré vorstellt."

„Lassen Sie mich noch einmal die letzten Zeilen des Manuscripts dieses elenden Herbin lesen," sagte Pelagie und las dann halb laut vor sich hin:

„Dieses Kind werden Sie nie wieder sehen. Ich habe mich seiner bemächtigt — es ist mein Eigenthum geworden. Ich übernehme seine Erziehung. Ich schwöre Ihnen, daß in einigen Jahren die Erbin des Grafen von Givré dasselbe lustige Leben führen wird, welches ich geführt habe, seitdem Sie mich zu einer Verworfenen gemacht haben. — Das ist meine Rache! Ha! — dieses nichtswürdige Geschöpf." fuhr Pelagie fort, nachdem sie gelesen. „Dann aber wäre diese Laura jene Frau von Saint-Phar?"

„Ja wohl, dieselbe, von der Sie erzogen worden."

Dann setzte Meister Martin auf's Gerathewohl hinzu:

„Sie selbst theilte mir mit, daß Sie die Tochter der Gräfin von Givré seien."

Meister Martin fragte hierauf Pelagie nach allen Einzelheiten der Jahre, welche sie bei Frau von Saint-Phar verlebt, und das, was sie ihm hierüber erzählte, war dasselbe wie das, was sie am Tage vorher dem Chevalier erzählt, obschon sie sich nun, wo das Geheimniß ihrer Geburt ihr enthüllt war, weit bestimmter und auf eine Weise ausdrückte, die nicht ohne große Bedeutung war. Es schien kein Zweifel mehr obzuwalten.

Meister Martin, der einen Augenblick lang die Fassung verloren, als er unter der von ihm so schlau ersonnenen Lüge plötzlich die Wahrheit entdeckte, faßte sich bald wieder und ging auf den zweiten Theil seines Programms über.

„Diana von Givré," sagte er zu Pelagie.

„Entweihen Sie nicht diesen Namen," sagte das arme Mädchen. „Wenn es der meinige ist, so bin ich unwürdig, ihn zu tragen. Nennen Sie mich Pelagie wie früher."

„Es sei; aber Pelagie oder Diana, so sind Sie jedenfalls die Erbin einer vornehmen Familie und Sie sind sich fortan selbst die Achtung vor Ihrem Namen und den Pflichten schuldig, welche er auflegt. Was Ihnen gestern noch erlaubt war, wäre heute ein großer Fehler."

„Wovon wollen Sie sprechen?"

„Von dem Fluchtplan, den Sie mit dem Chevalier von Roswil verabredet haben."

„Sie wissen also —"

„Daß er Sie heute Abend mit einer Postchaise auf der

Place Saint-Antoine erwartet, daß Sie sich vorgenommen haben, dieses Haus zu fliehen, um sich einer Rolle zu entziehen, die ich Ihnen eingegeben, ehe ich Sie kannte. Wohlan, ich sage Ihnen, daß es Ihnen nunmehr nicht länger gestattet ist, wie eine sittenlose Verworfene Herrn von Roswil zu folgen, daß Sie ihn nicht wiedersehen dürfen, daß Ihre neue Stellung Ihnen neue Pflichten auflegt und daß vielleicht diese Vermälung mit Herrn von Desescameaux, die gestern noch eine Berechnung, eine Speculation, wenn Sie wollen, war, heute eine Nothwendigkeit für Sie geworden ist.«

»Wie? Ich soll Herrn von Roswil nicht wiedersehen!« rief Pelagie, »ich sollte diesen widerwärtigen alten Mann heiraten?«

»Ich werde Ihnen zeigen, daß Ihnen dies durch alle Umstände geboten wird.«

Ende des dritten Theiles.

www.ingramcontent.com/pod-product-compliance
Lightning Source LLC
Chambersburg PA
CBHW020933230426
43666CB00008B/1665